레위기

레위기

지은이 최 식
발행인 최 식
발행처 도서출판 CPS
펴낸날 2021. 4. 26
등 록 No. 112-90-27429
주 소 경기도 남양주시 다산중앙로82번길 48
전 화 031)558-1025~6
팩 스 031)574-1027
홈페이지 www.cpsbook.co.kr

ISBN 979-11-88482-09-2

값 17,000원

ⓒ 판권 저자 소유
이 책의 일부분이라도 저자의 허락 없이는 무단 복제할 수 없습니다.

레위기 Leviticus

죄악된 모든 것을 덮어서 하나님께 나아가도록 한다

CPS 관점설교 시리즈 15

최 식 지음

CPS

추천의 글

레위기가 강조하는 '예배'과 '거룩'

설교자들에겐 고민이 있다. '무엇을 전할 것인가'라고 할 때 '레위기'를 다루기엔 너무 복잡하고 부담스럽다. '레위기를 설교하면 교인수가 자연스럽게 줄어들 것'이라는 농담도 있다. 신학적으로 중요하다고 하지만 그만큼 재미없고 딱딱하고 어렵다. 그만큼 레위기는 다루기가 쉽지 않다. 그래서 주로 새벽기도회 정도에서 살짝 언급하고 넘어가는 정도이다. 그러다보니 깊이 있는 말씀으로 성도들의 삶에 변화와 적용을 이끌어 내지 못하는 부분이 있다. 그러기에 목회자들에게 '레위기를 어떻게 설교할 까'라는 고민이 있다.

레위기가 강조하는 '예배'과 '거룩'은 오늘을 사는 한국교회에 꼭 필요한 시급한 과제다. 사실 레위기를 알아야 하나님이 하시는 일과 하나님을 섬기는 법을 제대로 안다고 할 수 있다. 사실 레위기는 설교가 아니라 우리가 회복해야 할 예배에 대한 문제이다. 왜 하나님을 예배해야 하며, 예배한다면 어떻게 예배해야 하는지, 예배자의 삶은 어떠해야 하는지를 알려주는 교과서이자 복음의 진수가 담겨 있는 성경이 레위기다.

CPS관점설교학교 대표로 사역중인 저자 최식 목사님은 한국교회가 주목하는 설교자로, 방송 진행자로 또한 영성과 지성을 두루 갖춘 학자로 이미 수많은 목회자의 멘토로 30여년을 활동해왔다. 남양주 다산에 2017년 두 번째 교회를 개척한 다산중앙교회는 이듬해에 예배당을 건축해 꾸준히 성장하고 있다. 최 목사님은 그동안 800여 교회 부흥회에서 메시지를 전했고 다수 연합집회와 세미나를 인도한 저력을 지녔다. 그동안 15권의 저서들을 출간하며 꾸준한 매니아들이 생겼을 정도다.

최식 목사님의 신간 〈레위기〉는 독자의 기대가 크다. △설교를 이끄는 관점 △하나님의 목적으로 해결 △청중 적용 △결단이라는 기본 틀을 철저히 유지하고 있다. 번제, 소제, 화목제, 속죄제, 속건제 등 5대 제사를 중심으로 18주 동안 적용점이 분명해서 너무 좋다. 많은 설교자들은 이런 적용에서 실패하는 경우가 많다. 이 책은 적용점이 추상적이 아니라 구체적인 것이 장점이자 탁월함이다.

간혹 한국축구를 보면서 군고구마를 먹고 동치미 국물을 안 먹은 답답함을 느낄 때가 있다. 그것은 우리 축구의 결정적 문제인 '골 결정력'이다. 전후반 45분을 열심히 뛰었지만 한 골도 넣지 못 한다는 점이다. 진리가 어렵고 희미해지면 전하는 설교자들이나 청중인 성도들이 제대로 은혜 받지 못한다.

설교자만이 아니라 독자들에게도 이해가 되도록 진일보 했다. 극히 주석적이고 신학적인 것을 목회적으로 바꾸었다. 말씀 묵상에서 끝나는 것이 아니라 청중의 결단을 요구하고 있다. 읽는 내내 그 어렵고 지루한 레위기를 이리 깔끔하게 풀어낼 수 있음에 감탄했다. 설교자의 설교를 이토록 풍성하게 만들어주는 책은 본 적이 드물다. 저자가 만난 하나님의 은혜와 감동이 진하게 베여 있음을 느끼게 한다. 설교자가 성경에서 하나님을 발견한다면 청중인 성도는 그 선포되는 설교말씀에서 하나님을 만난다. 그러기에 하나님을 만난 자의 설교는 단순 명료하다. 그리고 부드럽다. 윽박지름이나 강요의 볼륨을 높일 필요가 없다. 분명한 진리를 말하기 때문이다. 물 흐르듯 조용하고 부드럽다. 때로는 잔잔한 시냇가를 지나가기도 하고 때로는 폭포수같이 장엄하기도 하고 우렁차기도 하다.

주부가 매일 가족에게 무엇을 먹일까 고민하는 것처럼 목회자는 매주 무엇을 먹을까 고민하게 된다. 설교의 홍수 속에 설교의 위기다. 설교가 인문학이 되고 있는 시대에 설교자 역시 힘든 설교를 하고 있지만 청중인 성도들 역시 힘든 설교를 듣고 있다. 설교형식이 도전받는 상황 속에서 우리의 설교 역시 변화하고 발전되어야 한다. 하지만 설교자들의 마음이 청중에게 이어지는 복음적 설교인가를 점검하게 된다. 또 오늘의 설교가 영적이고 복음적인가에 고민이 깊어진다. 절제된 설교, 설교자의 분명한 복음제시와 설교에서 선명하게 드러나는 예수 그리스도 그리고 그분의 십자가 보혈만이 이 시대의 답이다.

　최식 목사님은 깊은 기도의 영성, 감동 있는 말씀의 선포, 섬김으로 소통하는 리더십으로 한국교회가 주목하는 건강한 교회의 모델 교회가 세워가고 있다. 특히 이번에 출간된 〈레위기〉는 주석서나 설교집 정도가 아니라 목회현장에서 처절한 몸부림과 현장목회라는 임상적 결과를 통해 맺어진 결과물인 열매다. 그래서 오랜 세월 우려낼 대로 우려낸 진한 사골곰탕의 육수 맛처럼 담백하다. 기초가 탄탄하고 적용이 쉽다. 망설이거나 머뭇거릴 것이 아니라 짚어들고 읽을 만하기에 강력히 추천한다. 설교자들에게 정말 큰 도움이 될 것이라는 확신을 가지고 말이다. 은혜를 사모하는 자들에겐 필독서가 되고 설교자에겐 갑절의 영감을 안겨주게 될 것이다.

2021년 4월

이효상 원장
한국교회건강연구원

서 문

레위기 통해 예배 본질을 깨닫다

레위기를 한마디로 집약한다면 "덮다"라는 말로 표현할 수 있습니다. 인간이 가지고 있는 부정하고 죄악된 것들을 덮어서 하나님께 나아가도록 말씀하신 내용이 레위기입니다. 덮어주기 위해 주신 것 중 하나가 제사입니다. 하나님은 번제, 소제, 화목제, 속죄제, 속건제의 다섯 가지 제사를 말씀하셨습니다. 이 제사들은 하나님께서 우리를 받아주시려는 배려의 절차입니다.

레위기에는 제물에 관한 것과 제사장에 대한 규례들도 나와 있습니다. 모세가 위대한 중재자이고 대단한 하나님의 사람인데도 불구하고 하나님은 아론과 그의 아들들을 제사장으로 위임합니다. 뒷부분에는 사람과의 관계에서 지켜야 할 중요한 부분도 다루고 있습니다. 레위기서 맨 마지막 부분은 또 한 번 제물을 강조하면서 안식일, 안식년, 희년, 십일조가 나옵니다.

레위기를 통해서 우리는 예배의 본질을 깨닫게 됩니다.
하나님이 원하시는 예배는 무엇인가? 예배의 형식을 우리가 주도하려는 마음을 가지고 있다면 이미 주님과 멀어진 예배를 드리는 것입니다. 레위기는 우리가 어떻게 예배를 회복해야 되는지 알게 해줍니다.

청중들은 주님 앞에 나올 때 헌금(제물)에 대한 부담이 있습니다. 이에 대해 설교자는 헌금을 어떻게 다룰 것인가? 설교자로서 하나님의 얼굴도 봐야 하고 청중도 봐야 하지만 설교자(제사장) 본인의 얼굴도 볼 수 있어야 합니다. 설교자는 하나님이 원하시는 예배를 통해 청중을 올바른 예배자로 인도하는 자입니다.

하나님은 우리에게 두 가지 방식으로 말씀하십니다.
하나는 인간의 헌신이나 사람의 움직임을 통하여 하나님의 목적을 나타내시는 경우, 또 하나는 하나님의 직접적인 역사하심으로 하나님의 목적을 나타내시는 경우입니다.

레위기는 일방적으로 하나님께서 말씀하시는 경우입니다.
'제사를 드려라' 할 때 왜 하나님이 우리에게 제사를 요구하셨는지 찾아서 설교하는 것이 설교의 목적이 돼야 합니다. 설교자는 본문을 분해해서 설교하기보다 먼저, 왜 하나님께서 이 말씀을 하셨는지 파악하는 것이 더 중요합니다.

2021년 4월
CPS 설교학교 **최 식 목사**

CONTETS

추천의 글

서문

01
번제 1:3~17 ••• 13

02
소제 2:1~16 ••• 21

03
화목제 3:1~17 ••• 29

04
속죄제 4:1~5:13 ••• 37

05
속건제 5:14~6:7 ••• 45

06
제사장 위임식 8:1-36 ••• 53

07
손을 들어 축복함으로 9:22-24 ••• 61

08
나답과 아비후 10:1-11 ••• 69

09
먹을 것과 먹지 말아야 할 것 11:1-47 ••• 77

10
출산한 여인 12:1-8 ••• 85

11
대속죄일 16:1-34 ••• 93

12
제물을 드리는 장소 17:1-7 ••• 103

13
세상 풍속을 따르지 말라 18:1-30 ••• 111

14
거룩하라 19:1-4 ••• 121

15
어떻게 이런 일을… 20:1-5 ••• 129

16
여호와의 절기 23:1-44 ••• 137

17
여호와 앞에서 안식하게 하라 25:1-55 ••• 145

18
서원 27:1-34 ••• 153

01
번제

예수님께 모든 죄를 전가하면 나는 다시 회복될 수 있습니다.
예수님의 대속하심을 믿고 죄를 회개하면, 하나님께서 나를 다시 자녀로 받아 주십니다.

레 1:3-17

그 예물이 소의 번제이면 흠 없는 수컷으로 회막 문에서 여호와 앞에 기쁘게 받으시도록 드릴지니라
그는 번제물의 머리에 안수할지니 그를 위하여 기쁘게 받으심이 되어 그를 위하여 속죄가 될 것이라
그는 여호와 앞에서 그 수송아지를 잡을 것이요 아론의 자손 제사장들은 그 피를 가져다가 회막 문 앞 제단 사방에 뿌릴 것이며
그는 또 그 번제물의 가죽을 벗기고 각을 뜰 것이요
제사장 아론의 자손들은 제단 위에 불을 붙이고 불 위에 나무를 벌여 놓고
아론의 자손 제사장들은 그 뜬 각과 머리와 기름을 제단 위의 불 위에 있는 나무에 벌여 놓을 것이며
그 내장과 정강이를 물로 씻을 것이요 제사장은 그 전부를 제단 위에서 불살라 번제를 드릴지니 이는 화제라 여호와께 향기로운 냄새니라
만일 그 예물이 가축 떼의 양이나 염소의 번제이면 흠 없는 수컷으로 드릴지니
그가 제단 북쪽 여호와 앞에서 그것을 잡을 것이요 아론의 자손 제사장들은 그것의 피를 제단 사방에 뿌릴 것이며
그는 그것의 각을 뜨고 그것의 머리와 그것의 기름을 베어낼 것이요 제사장은 그것을 다 제단 위의 불 위에 있는 나무 위에 벌여 놓을 것이며
그 내장과 그 정강이를 물로 씻을 것이요 제사장은 그 전부를 가져다가 제단 위에서 불살라 번제를 드릴지니 이는 화제라 여호와께 향기로운 냄새니라
만일 여호와께 드리는 예물이 새의 번제이면 산비둘기나 집비둘기 새끼로 예물을 드릴 것이요
제사장은 그것을 제단으로 가져다가 그것의 머리를 비틀어 끊고 제단 위에서 불사르고 피는 제단 곁에 흘릴 것이며
그것의 모이주머니와 그 더러운 것은 제거하여 제단 동쪽 재 버리는 곳에 던지고
또 그 날개 자리에서 그 몸을 찢되 아주 찢지 말고 제사장이 그것을 제단 위의 불 위에 있는 나무 위에서 불살라 번제를 드릴지니 이는 화제라 여호와께 향기로운 냄새니라

대속의 은혜(번제)

하나님께서 모세에게 특별한 말씀을 주셨습니다. 바로 제사입니다. 왜 하나님께서 제사를 요구하시는 것일까요? 한 가지 제사만 요구하신 것이 아니라 여러 가지 제사를 드리라고 하셨습니다. 하나님께서 요구하셨던 제사 중 첫 번째가 번제입니다.

설교를 이끄는 관점

번제란 어떻게 드리는 제사일까요?
번제는 모든 것을 태워서 드리는 제사입니다. 왜 제물을 그냥 받지 않으시고 태워서 드리라고 하셨을까요?
상상을 해보십시오!
제물을 태워서 드릴 때 지독한 냄새와 연기는 피할 수 없습니다. 그런데 하나님께서는 제물을 태워서 드리는 번제를 "향기로운 제물"이라고 하셨습니다.
짐승을 태워서 드리는 과정은 결코 향기로울 수 없습니다. 오히려 지독한 냄새가 나고 곁에 있는 사람은 그 지독한 냄새로 역하고 머리가 아픕니다. 모두가 싫어하는 냄새이므로 피하고 싶은 냄새입니다.

그런데 왜 하나님께서는 짐승을 태워서 드리는 제사를 향기로운 제물이라고 하셨을까요? 만일 우리에게 이런 제사를 드리라고 한다면 기쁜 마음을 드릴 자가 얼마나 있을까요? 여러분들의 생각은 어떻습니까?

하나님의 목적으로 해결

하나님께서 번제를 태워서 드리라고 하시는 이유가 있습니다. 번제를 드릴 때 제물 짐승이 완전히 태워서 없어지듯이 우리의 죄를 이렇게 없애주시겠다는 약속입니다.

우리는 모두가 죄인입니다. 문제는 우리 스스로 우리 안에 있는 죄악들을 없앨 수 없습니다.
우리 스스로 소멸시킬 수 없는 죄는 우리를 사망에 이르게 합니다. 인간은 죄로 인하여 육신의 사망과 영혼의 사망에 이르게 됩니다. 하나님은 이런 우리의 불행한 결과를 긍휼히 여겨주셔서 죄를 해결할 길을 열어주셨습니다. 그것이 바로 제사, 번제입니다.
번제는 인간을 대신하여 짐승을 받으시고 인간의 죄를 사해주시려는 하나님의 특별한 배려입니다.

1. 짐승을 태워서 제사드리는 과정은 죄가 얼마나 처참한 결과를 가져오는지를 보여줍니다.

번제물의 결과를 통하여 우리는 죄의 심각성을 깨달아야 합니다.

죄는 반드시 대가를 치러야만 그 효력이 상실됩니다. 번제물을 드리는 죄인은 자신을 대신하여 희생 제물로 태워지는 짐승을 보면서 죄의 결과에 두려움을 가져야 합니다. 죄의 결과는 심판과 사망뿐임을 뼈저리게 느껴야 합니다.

2. 번제물이 완전히 태워서 드려짐으로 죄인은 다시 회복을 받습니다.

번제물의 사명은 죄인을 대신하여 자신을 완전히 드림으로 죄인을 회복시키는 것입니다. 죄를 지은 인간이 죽음으로 대가를 지불하는 것이 마땅하지만 하나님께서 특별한 배려로 대신 속죄 받을 수 있는 길을 번제로 열어주셨습니다.

번제는 죄인을 다시 회복시키시려는 하나님의 특별한 배려이자 긍휼입니다. 하나님이 죄인을 대신하여 번제물을 받으시고 죄인에게 새로운 기회를 주셨습니다.

3. 번제는 공의로우신 하나님을 기쁘시게 하는 제사입니다.

모든 제사의 목적은 하나님의 공의를 만족하게 해드리는 행위입니다. 하나님의 공의란, 죄에 대한 대가를 지불함으로 하나님을 기쁘시게 하는 신앙행위입니다.

* 번제물이 태워질 때 역겨운 냄새가 납니다. 하지만 하나님은 이 냄새를 "향기로운 제물"로 받으셨습니다. 이 냄새가 향기로운 것은 바로 하나님의 공의를 만족시키는 과정이기 때문입니다. 번제물이 태워질 때 죄에 대한 진노를 그 제물에 쏟으심으로 스스로 공의를 이루셨습니다.

그 공의의 결과로 죄인을 살리시는 긍휼을 베푸실 수 있으시기에 그 냄새는 하나님께 향기로운 제물이었습니다. 사실 고약한 냄새이지만 죄인을 용서해주시려는 심정 때문에 "향기롭다"고 표현하셨습니다.

4. 번제를 드리는 절차를 지켜야 합니다.

1) 흠 없는 수컷으로 회막 문에서 드려야 합니다.
이는 지정된 제물이므로 반드시 지켜야 합니다.

2) 번제물의 머리에 안수합니다.
이는 죄를 전가시키는 절차입니다.

3) 제물을 직접 잡아야 합니다.
죄인 스스로 제물을 잡는 과정에서 자신의 죄의 결과가 얼마나 비참하고 심각한지를 깨달아야 합니다.

4) 형편에 따라서 드릴 수 있습니다.
자기의 형편을 속이지 말아야 합니다. 형편이 어려워서 속죄받지 못하는 일이 없도록 죄인의 형편까지 배려하심은 누구든지 속죄받을 수 있는 길이 열려 있다는 의미입니다.

5) 모든 제물을 반드시 태워서 드려야 합니다.
이는 죄의 결과로 완전한 사망에 이르게 되는 것을 의미합니다.

6) 죄인은 번제물을 드림으로 다시 회복하는 복을 받습니다. 이는 하나님의 공의를 만족시킨 결과로 누리는 복입니다.

* 번제는 죄의 값을 치름으로 속죄, 대속을 받는 제사입니다.

청중 적용

사랑하는 여러분!

1. 우리에게도 씻을 수 없는 죄가 있습니다.

죄가 있다는 것은 죄에 대한 결과, 즉 심판과 사망이 있다는 말입니다.
- 죄에서 자유로운 사람이 있습니까?
- 죄의 결과는 번제물처럼 완전한 사망에 이르게 합니다. 이는 누구도 피할 수 없는 길입니다.
- 죄를 짓는 것보다 더 심각한 것은 죄를 해결 받을 기회를 얻지 못하고 사망에 던져지는 결과가 있기 때문입니다.
- 죄인임을 인정하며, 죄를 해결 받았습니까?

2. 하나님께서는 나를 대신하여 번제물을 준비하셨습니다. 이는 나를 사랑하사 다시 살리시려는 특별한 배려입니다.

1) 나를 대신하여 번제물처럼 자신을 드릴 자는 없습니다.

부모나 자식을 위하여, 남편이나 아내를 위하여, 친구를 위하여 하나 밖에 없는 목숨을 내어줄 자가 있습니까? 아무도 자신의 목숨을 내어줄 자는 없습니다.

2) 예수님은 나를 사랑하사 친히 변제물이 되어 주셨습니다.

예수님께서 나를 대신하여 내 모든 죄를 지시고 십자가 위에서 물과 피를 다 흘리시고 죽으셨습니다. 이것이 나를 향하신 예수님의 사랑입니다.

오직 예수님만이 나를 살리시려고 희생제물이 되어 주셨습니다.
- 나를 사랑하시기 때문입니다.
  나를 살리시려고 대신 죽으셨습니다.
- 예수님께 모든 죄를 전가하면 나는 다시 회복될 수 있습니다.
  예수님의 대속하심을 믿고 죄를 회개하면, 하나님께서 나를 다시 자녀로 받아 주십니다.
- 예수 안에 다시 살리심을 받은 나는 하나님의 자녀 된 권세로 세상을 이길 수 있습니다.

3) 하나님께서는 나를 주목하십니다.
나를 드린 결과를 보시며 나를 복 주시기 위함입니다.
하나님께서 나를 다시 살리신 것은 복 주시기 위함입니다.
하늘의 신령한 복으로 나를 채우시기 원하십니다.

청중 결단

죄의 결과를 잊지 말고 죄와 싸워서 이기는 자가 됩시다!
특별히 자신의 약점을 알고 잘 지켜 살아있는 신앙인으로 하나님을 기쁘시게 합시다!

02

소제

소제를 드리는 목적은 속죄를 받은 자들이 하나님께 드리는 감사제사입니다. 하나님께서 베푸신 은혜에 대한 감사와 헌신의 다짐을 소제를 통하여 자발적으로 고백했습니다.
소제만 드린 경우도 있지만 대부분 번제와 함께 속죄 제사를 드린 후 감사의 소제가 이어졌습니다.

레 2:1-16

누구든지 소제의 예물을 여호와께 드리려거든 고운 가루로 예물을 삼아 그 위에 기름을 붓고 또 그 위에 유향을 놓아
아론의 자손 제사장들에게로 가져갈 것이요 제사장은 그 고운 가루 한 움큼과 기름과 그 모든 유향을 가져다가 기념물로 제단 위에서 불사를지니 이는 화제라 여호와께 향기로운 냄새니라
그 소제물의 남은 것은 아론과 그의 자손에게 돌릴지니 이는 여호와의 화제물 중에 지극히 거룩한 것이니라
네가 화덕에 구운 것으로 소제의 예물을 드리려거든 고운 가루에 기름을 섞어 만든 무교병이나 기름을 바른 무교전병을 드릴 것이요
철판에 부친 것으로 소제의 예물을 드리려거든 고운 가루에 누룩을 넣지 말고 기름을 섞어
조각으로 나누고 그 위에 기름을 부을지니 이는 소제니라
네가 냄비의 것으로 소제를 드리려거든 고운 가루와 기름을 섞어 만들지니라
너는 이것들로 만든 소제물을 여호와께로 가져다가 제사장에게 줄 것이요 제사장은 그것을 제단으로 가져가서
그 소제물 중에서 기념할 것을 가져다가 제단 위에서 불사를지니 이는 화제라 여호와께 향기로운 냄새니라
소제물의 남은 것은 아론과 그의 아들들에게 돌릴지니 이는 여호와의 화제물 중에 지극히 거룩한 것이니라
너희가 여호와께 드리는 모든 소제물에는 누룩을 넣지 말지니 너희가 누룩이나 꿀을 여호와께 화제로 드려 사르지 못할지니라
처음 익은 것으로는 그것을 여호와께 드릴지나 향기로운 냄새를 위하여는 제단에 올리지 말지며
네 모든 소제물에 소금을 치라 네 하나님의 언약의 소금을 네 소제에 빼지 못할지니 네 모든 예물에 소금을 드릴지니라
너는 첫 이삭의 소제를 여호와께 드리거든 첫 이삭을 볶아 찧은 것으로 네 소제를 삼되
그 위에 기름을 붓고 그 위에 유향을 더할지니 이는 소제니라
제사장은 찧은 곡식과 기름을 모든 유향과 함께 기념물로 불사를지니 이는 여호와께 드리는 화제니라

소제

하나님께서 두 번째 말씀하신 제사는 소제입니다. 소제는 다른 제사와 다르게 간소화된 작은 제사였습니다. 또 하나의 특이점은 다른 제사들은 피와 함께 드려진 제사였다면 소제는 곡식을 위주로 드렸다는 점입니다.

> "누구든지 소제의 예물을 여호와께 드리려거든 고운 가루로 예물을 삼아 그 위에 기름을 붓고 또 그 위에 유향을 놓아"(1)

설교를 이끄는 관점

왜 소제는 피 없이 곡식으로만 드리라고 했을까요?
소제와 번제의 차이점은 무엇일까요?
소제는 비교적 드리는 횟수가 많았습니다. 이렇게 소제를 자주 드리게 하신 이유라도 있을까요?
소제를 드릴 때는 누룩이나 꿀을 넣지 말라고 하셨는데 이렇게 하시는 특별한 이유라도 있는 것일까요?

또한 소금을 치라고 하셨습니다. 육식 제물을 드리는 것도 아닌데 왜 곡식 제물에 소금을 치라고 하셨을까요?

하나님의 목적으로 해결

소제는 글자 그대로 작은 제사입니다.

소제를 드리는 목적은 속죄를 받은 자들이 하나님께 드리는 감사 제사입니다. 하나님께서 베푸신 은혜에 대한 감사와 헌신의 다짐을 소제를 통하여 자발적으로 고백했습니다.

소제만 드린 경우도 있지만 대부분 번제와 함께 속죄 제사를 드린 후 감사의 소제가 이어졌습니다.

1. 소제는 피 없이 곡물로만 드렸지만 번제 혹은 화목제와 함께 드렸기 때문에 피와 함께 드려진 제사입니다.

이는 하나님께서 언제든지, 무엇으로라도 감사하도록 배려하신 결과입니다. 감사는 어떤 것으로도 할 수 있습니다. 하나님께 드리는 감사는 특별한 형식이나 조건을 요구하지도 않습니다. 소제는 모든 제사에 감사를 빠뜨리지 말라는 하나님의 요구입니다.

2. 누룩이나 꿀을 넣지 말라고 하신 것은 소제의 본질을 무너뜨리지 말라는 권고입니다(11).

누룩이나 꿀은 부패와 타락 그리고 변질을 상징합니다. 하나님께 드리는 감사는 순수하고 진실한 심령으로 드려야 합니다. 감사를 드리는 다른 이유나 목적이 있어서는 안 됩니다. 이는 소제를 무너뜨리는 죄악입니다.

부패를 막기 위해서 누룩 대신 소금을 쳐서 변함없는 심령으로 감사해야 합니다.

또한 소금을 치라고 하신 것은 하나님과의 변치 않는 언약 위에서 하나님께 제사 드리라는 의미입니다. "언약의 소금"은 약속하신 말씀대로 하나님을 섬기는 자에게 베푸시는 결과를 믿고 믿음으로 제사 드리라는 요구입니다.

번제물과 함께 드리거나 소제만을 드릴 때 제물이 타는 냄새는 불편할 수밖에 없습니다. 이때 유향을 넣는 것은 하나님께 올려드리는 냄새와 연기(감사)를 향기롭게 받으시려는 하나님의 심정입니다.

3. 소제의 종류는 3가지입니다.

1) 화덕에 구운 것으로 예물을 드리는 경우에는 고운 가루에 기름을 섞어 만든 무교병이나 기름을 바른 무교전병을 드립니다(4).

2) 철판에 부친 것으로 예물을 드릴 경우에는 고운 가루에 누룩을 넣지 않고 기름을 섞어 조각으로 나누고 그 위에 기름을 부어서 드립니다(5-6).

3) 냄비에 삶은 것으로 예물을 드릴 경우에는 고운 가루와 기름을 섞어서 드립니다(7).

청중 적용

사랑하는 여러분!

1. 우리는 얼마나 감사하면서 살고 있나요?

특히 하나님께 드리는 예배 때마다 감사를 고백하고 있습니까? 감사해야 한다는 생각은 있지만 감사를 실천하는 신앙인은 많지 않습니다. 입으로는 감사를 말하면서 삶으로, 물질로 감사하는 것은 실천하지 못합니다. 감사를 잃는 것은 감사를 누리지 못하는 삶입니다.

* 감사를 잃은 자들의 공통점이 있습니다.
불평과 불만 그리고 매사에 트집을 잡거나 필요 이상의 감정적 반응을 나타냅니다.

2. 감사는 하나님께 나아가는 시작이며 마침입니다.

모든 제사에 소제가 함께 하는 것처럼 모든 예배는 감사로 시작하고, 감사로 진행하며 감사로 마쳐야 합니다. 그리고 감사의 삶으로 나아가야 합니다.

1) 속죄의 은혜는 감사의 첫 번째 이유입니다.
구원의 은혜, 날마다 죄 씻음을 주시는 은혜는 첫 번째 감사의 조건이요 이유입니다. 죄 사함의 은혜에 대한 감사가 없다면 죽은 신앙, 죽은 예배자입니다.

2) 감사는 받은 만큼 해야 합니다.

저마다 감사의 이유가 다른 것은 받은 바 은혜의 분량이 다르기 때문입니다. 각자는 받은 만큼 감사의 이유를 가지고 하나님께 감사를 드리는 것이 마땅합니다. 범사에 드리는 감사는 주신 분량에 따른 감사 이유를 찾아서 드리는 것을 의미합니다.

3) 감사는 예배입니다.
감사하는 시간부터 하나님의 임재와 은혜가 함께 합니다. 감사가 없는 예배는 하나님께서 받으시는 예배가 아닙니다. 몸은 예배당에 앉아 있지만 하나님과의 소통은 멈추어 있을 수 있습니다.

청중 결단

숨 쉬는 것부터 특별한 은혜까지 모든 것을 감사해야 합니다.
감사의 습관으로 열납되는 예배자가 됩시다!

03

화목제

번제와 소제는 반드시 드려야 되는 지정된 제사라면 화목제사는 드리는 자 편에서 자원해서 드리는 제사입니다.

레 3:1-17

사람이 만일 화목제의 제물을 예물로 드리되 소로 드리려면 수컷이나 암컷이나 흠 없는 것으로 여호와 앞에 드릴지니
그 예물의 머리에 안수하고 회막 문에서 잡을 것이요 아론의 자손 제사장들은 그 피를 제단 사방에 뿌릴 것이며
그는 또 그 화목제의 제물 중에서 여호와께 화제를 드릴지니 곧 내장에 덮인 기름과 내장에 붙은 모든 기름과
두 콩팥과 그 위의 기름 곧 허리 쪽에 있는 것과 간에 덮인 꺼풀을 콩팥과 함께 떼어낼 것이요
아론의 자손은 그것을 제단 위의 불 위에 있는 나무 위의 번제물 위에서 사를지니 이는 화제라 여호와께 향기로운 냄새니라
만일 여호와께 예물로 드리는 화목제의 제물이 양이면 수컷이나 암컷이나 흠 없는 것으로 드릴지며
만일 그의 예물로 드리는 것이 어린 양이면 그것을 여호와 앞으로 끌어다가
그 예물의 머리에 안수하고 회막 앞에서 잡을 것이요 아론의 자손은 그 피를 제단 사방에 뿌릴 것이며
그는 그 화목제의 제물 중에서 여호와께 화제를 드릴지니 그 기름 곧 미골에서 벤 기름진 꼬리와 내장에 덮인 기름과 내장에 붙은 모든 기름과
두 콩팥과 그 위의 기름 곧 허리쪽에 있는 것과 간에 덮인 꺼풀을 콩팥과 함께 떼어낼 것이요
제사장은 그것을 제단 위에서 불사를지니 이는 화제로 여호와께 드리는 음식이니라
만일 그의 예물이 염소면 그것을 여호와 앞으로 끌어다가
그것의 머리에 안수하고 회막 앞에서 잡을 것이요 아론의 자손은 그 피를 제단 사방에 뿌릴 것이며
그는 그 중에서 예물을 가져다가 여호와께 화제를 드릴지니 곧 내장에 덮인 기름과 내장에 붙은 모든 기름과
두 콩팥과 그 위의 기름 곧 허리 쪽에 있는 것과 간에 덮인 꺼풀을 콩팥과 함께 떼어낼 것이요
제사장은 그것을 제단 위에서 불사를지니 이는 화제로 드리는 음식이요 향기로운 냄새라 모든 기름은 여호와의 것이니라
너희는 기름과 피를 먹지 말라 이는 너희의 모든 처소에서 너희 대대로 지킬 영원한 규례니라

화목제(The Fellowship offering)

하나님께서 명령하신 또 다른 제사는 화목제사입니다. 화목제사란 어떤 의미에서 드리는 제사입니까? 화목제사와 다른 제사의 차이점은 무엇일까요? 왜 하나님께서는 화목제사를 드리라고 하셨을까요?

"사람이 만일 화목제의 제물을 예물로 드리되 소로 드리려면 수컷이나 암컷이나 흠 없는 것으로 여호와 앞에 드릴지니"(1)

설교를 이끄는 관점

다른 제사에 드릴 예물은 암컷이나 수컷 중 하나를 지정해서 드리게 했습니다(1:3). 그런데 화목제물은 암컷이나 수컷 중 아무것이나 드리라고 합니다. 왜 이런 규례를 세우신 것일까요?
우리가 편한대로 아무거나 드려도 된다는 것일까요? 아니면 우리가 알지 못하는 어떤 다른 의미가 숨겨져 있을까요?
암컷과 수컷만 자유롭게 드리라고 하신 것이 아니라 소나 양이나 염소나 어느 제물이든지 화목제물로 드리라고 하셨습니다.

왜 화목제물에는 이렇게 특별한 예외를 두시는 것일까요?

하나님의 목적으로 해결

화목제물에 이렇게 특별한 예외 조항을 두신 것은 하나님께서 우리를 먼저 배려하신 은혜입니다. 하나님께서는 우리와 화목하시기 위해서 어떤 조건도 무너뜨리시고 무조건 화해를 받아주시겠다는 약속입니다. 예물 드리는 것이 부담스럽거나 어려워서 하나님과 화목하지 못하는 사람이 없도록 먼저 화해의 손을 내미신 것이 화목제물입니다.

화목제사는 하나님과 인간이 화목하고 친교하는 소통의 시간입니다. 이 화해와 소통을 가로막을 수 있는 것은 아무것도 없습니다.

1. 화목제사는 하나님과의 화목은 물론이고 남은 제물로 함께 식사하며 누구와도 화목하도록 하셨습니다.

화목제물의 일부는 태워서 드렸고, 일부는 제사장이 먹었으며 나머지는 예물 드리는 자와 그의 친지들까지 함께 먹음으로 화목의 범위를 넓히고 경계를 무너뜨렸습니다. 화목제는 제물을 드리던 성소를 중심으로 먹는 즐거움을 나누던 제사였습니다(신 12:6-7).

2. 화목제사는 자원해서 드리는 제사입니다.

번제와 소제는 반드시 드려야 되는 지정된 제사라면 화목제사는 드리는 자 편에서 자원해서 드리는 제사입니다.

* 화목제는 3가지 경우에 드렸습니다.
- 감사제: 감사할 일을 구별해서 드리고 싶을 때.
- 서원제: 하나님의 뜻을 깨닫고 실천하기 위한 결단으로 드릴 때.
- 낙헌제: 주신 은혜에 즐거움으로 드리고 싶을 때.

모두가 하나님과 화목한 가운데 인간 사이의 화목을 중심으로 드렸습니다.

3. 화목제사를 드리는 자는 먹으면 안 되는 것이 있습니다.

화목제물을 드리는 자에게 고기의 일부를 먹게 했지만 기름과 피는 먹지 말라고 하셨습니다.

"너희는 기름과 피를 먹지 말라 이는 너희의 모든 처소에서 너희 대대로 지킬 영원한 규례니라"(17)

이는 하나님의 목적 있는 명령입니다. 기름과 피를 구별하신 것은 이 부분을 구별함으로 하나님의 은혜를 잊지 말라는 교훈입니다. 인간에게 먹지 말라는 것은 버리라는 의미가 아니라 화목의 주체이신 하나님께 드려서 하나님의 영광을 구별하라는 말씀입니다.

모든 것을 주신 여호와께서 여호와를 위하여 구별하라고 하신 것을 지킴으로 더 깊은 화목으로 나아가게 하셨습니다.

4. 화목을 깨뜨리는 것은 사망에 이르는 죄입니다.

화목제물은 반드시 죽음으로 대가를 지불해야 합니다. 이때 화목을 깨뜨린 자는 제물의 머리에 안수함으로 죄의 대가를 제물이 대신 치르도록 해야 합니다(2, 8, 13). 죽음과 희생이 없는 화목은 불가능합니다.

청중 적용

사랑하는 여러분!
1. 화목에 대하여 어떤 생각을 가지고 있습니까?
여러분은 하나님과 화목하고 있습니까?
여러분은 주변 사람들과 화목에 어려움이 없습니까?

* 요즈음 유난히 분노를 참지 못하는 사람들이 많습니다.
"분노조절장애"를 겪고 있는 사람들입니다. 이유 없는 분노를 아무에게나 쏟아내고, 심지어는 살인까지 저지르는 일이 자주 일어납니다. 이런 기사나 이야기를 들을 때면 우리 주변은 더 얼어붙고 주변 사람들을 경계하는 일이 두드러지게 나타납니다.
그래서 화목하기가 쉽지 않은 때입니다.

* 가족들 간의 불화도 심각한 상태입니다.
부모와 자녀들의 대화가 단절되고, 형제와 자매들이 서로 싸우는 일들도 빈번하게 일어납니다. 그런 일들이 많아지면서 결혼을 기피하고 자녀를 낳지 않는 사람들도 늘어나고 있습니다.

2. 화목은 저절로 이루어지지 않습니다.

화목을 위해서는 누군가 반드시 희생을 해야 합니다. 누군가는 먼저 희생을 해야 합니다. 누군가는 먼저 화해를 위하여 손을 내밀어야 합니다. 내가 원하는 자에게만 화해할 것이 아니라 모두와 화목을 이룰 수 있어야 합니다.

3. 예수님은 이런 불편한 우리의 관계를 화목시키려고 화목제물이 되셨습니다.

예수님만이 하나님과 화목하게 하는 유일한 길이며 사람과 화목할 수 있는 통로입니다. 우리 스스로 화목하기 어렵기 때문에 예수님께서 하나님의 손과 나의 손을 잡아주셨고, 나와 화목하기 어려워하는 상대의 손도 잡아주셨습니다.

1) 예수님을 통해서 화목의 삶을 나누십시오!

예수님은 자신의 전부를 드려서 하나님과 우리 사이에 막힌 담을 허셨습니다. 예수님을 통하면 우리는 하나님과 언제든지 화목할 수 있습니다. 하나님은 예수님의 보혈로 인해 우리의 죄를 묻지도, 따지지도 않고 받아주십니다.

2) 화목은 나눔입니다.

나를 희생하고 나를 드리는 헌신이 없이는 화목은 이루어지지 않습니다. 예수님께서 화목을 위해서 아무 조건 없이 자신을 주심같이 나도 나를 드리고 나눌 때 화목이 시작됩니다. 나눔이 없는 화목은 형식이고 빈 껍데기입니다. 화목제물을 나누게 하신 이유를 잊지 마십시오!

3) 하나님은 화목하는 자에게 더 큰 은혜를 베푸십니다.

화목하는 자에게 먼저 기쁨과 행복을 주시고 누리는 복을 주십니다. 이는 화목하는 자만이 즐기는 특별한 은혜입니다.

청중 결단

내가 먼저 화해의 손을 내밀어 봅시다!
화해와 화목은 내가 먼저 시작할 때 모두가 함께 할 수 있습니다.
예수님을 생각하며 끝까지 손을 내밀어 봅시다!

04

속죄제

속죄제는 죄를 고백하고 용서받아서 다시 회복에 이르게 하는 회개제사, 정결제사입니다.

레 4:1-5:13

여호와께서 모세에게 말씀하여 이르시되
이스라엘 자손에게 말하여 이르라 누구든지 여호와의 계명 중 하나라도 그릇 범하였으되
만일 기름 부음을 받은 제사장이 범죄하여 백성의 허물이 되었으면 그가 범한 죄로 말미암아 흠 없는 수송아지로 속죄제물을 삼아 여호와께 드릴지니
그 수송아지를 회막 문 여호와 앞으로 끌어다가 그 수송아지의 머리에 안수하고 그것을 여호와 앞에서 잡을 것이요
기름 부음을 받은 제사장은 그 수송아지의 피를 가지고 회막에 들어가서
그 제사장이 손가락에 그 피를 찍어 여호와 앞 곧 성소의 휘장 앞에 일곱 번 뿌릴 것이며
제사장은 또 그 피를 여호와 앞 곧 회막 안 향단 뿔들에 바르고 그 송아지의 피 전부를 회막 문 앞 번제단 밑에 쏟을 것이며
또 그 속죄제물이 된 수송아지의 모든 기름을 떼어낼지니 곧 내장에 덮인 기름과 내장에 붙은 모든 기름과
두 콩팥과 그 위의 기름 곧 허리쪽에 있는 것과 간에 덮인 꺼풀을 콩팥과 함께 떼어내되
화목제 제물의 소에서 떼어냄 같이 할 것이요 제사장은 그것을 번제단 위에서 불사를 것이며
그 수송아지의 가죽과 그 모든 고기와 그것의 머리와 정강이와 내장과
똥 곧 그 송아지의 전체를 진영 바깥 재 버리는 곳인 정결한 곳으로 가져다가 불로 나무 위에서 사르되 곧 재 버리는 곳에서 불사를지니라(4:1~12)

속죄제

인간은 죄와 무관한 삶을 살 수 없습니다. 아무리 도덕적이고 윤리적인 면에서 흠이 없는 삶을 살려고 노력해도 소용없습니다. 성경은 단호하게 "모든 사람이 죄를 범하였다"고 선언했고, "죄의 결과는 사망이다"라고 법적 선고를 했습니다.

문제는 죄를 피할 수도, 죄의 결과도 피할 수 없다는 사실입니다. 이런 절망적인 인간의 한계를 아시고 죄를 해결할 수 있는 길을 열어주신 분이 하나님이십니다.

우리에게 주신 속죄, 죄를 해결 받을 수 있는 길 중 하나가 속죄제입니다. 속죄제는 어떤 제사입니까?

> "이스라엘 자손에게 말하여 이르라 누구든지 여호와의 계명 중 하나라도 그릇 범하였으되"(2)

> "여호와의 계명 중 하나라도 부지 중에 범하여"(13)

4장 22, 27절에도 계속해서 "부지중에 범한 죄"를 강조하고 있습니다.

설교를 이끄는 관점

여기서 "부지중"이란 무의식중에, 고의성이 없음을 이르는 말입니다. 자신도 모르는 사이에 일어난 일을 의미합니다. 속죄제는 이런 죄들을 다 찾아내서 속죄하라는 제사입니다.

살다보면 본인의 잘못임을 인식하지 못하고 말하고 행동하는 일이 한두 가지가 아닙니다.
본인이 의식하지 못했기 때문에 지나가는 경우가 거의 대부분입니다. 이렇게 부지중에 일어난 일들을 죄인지 아닌지를 어찌 다 따져서 속죄할 수 있겠습니까. 이것은 너무도 어렵습니다.
정말 부지중에 지은 죄와 허물을 다 찾아내서 속죄하는 일이 가능하겠습니까?
여러분은 부지중에 범한 허물들을 낱낱이 찾아서 속죄 받았습니까?
왜 이렇게까지 속죄 제사를 드리라고 하실까요?

하나님의 목적으로 해결

하나님께서 "부지중에" 지은 죄까지 다 찾아서 속죄 받으라고 하시는 것은 우리를 힘들고 고통스럽게 하려는 의도가 아닙니다. "부지중에"라는 말은 죄는 철저하게 회개해야 한다는 의미입니다. 부지중에 범한 죄를 찾아내서라도 용서받아야겠다는 심정으로 철저하게 회개하라는 요구이십니다.

그러므로 속죄제는 죄를 고백하고 용서받아서 다시 회복에 이르게 하는 회개제사, 정결제사입니다.

* "부지중에라도." 이는 누구든지 죄를 가볍게 여겨서는 안 되며 죄는 반드시 속죄 받아야 함을 의미합니다.

1. 속죄제를 드리는 경우는 크게 두 가지로 구분됩니다.

1) 부지중에 하나님의 말씀을 어겼을 경우(4:3-35)
이는 하나님의 계명을 어겼거나 의무와 책임을 다하지 못한 경우입니다. 말씀에 대한 경각심을 촉구하는 음성입니다.

2) 잘못된 것을 알면서도 증인이 되는 것을 거부하거나 부정한 것을 접촉했을 경우입니다(5:1-13). 죄인 줄 알면서도 일부러 피하지 않은 경우입니다.

두 가지 경우 모두 고의성 없이 부주의했거나 무심코, 태만하여 죄를 지었을 경우에 해당합니다.

* 만일 고의적인 경우에는 범죄에 따른 형벌이 가해지고 심한 경우 추방되기도 했습니다.

속죄 받아야 할 자는 선택한 제물에 직접 안수하고 제물을 드렸습니다. 기름부음을 받은 제사장이나 이스라엘 회중이 속죄제를 드릴 때는 제물의 피를 성소의 휘장에 일곱 번 뿌렸습니다(4:6, 17). 그리고 약간의 피를 제단 뿔에 바르고 나머지 전부는 회막 문 앞 번제단 밑에 쏟았습니다(4:7, 18).

이는 성소에서만 허용된 의식이었습니다.

하지만 족장이나 평민이 속죄를 드릴 경우에는, 회막 안으로 들어가지 않고 회막뜰에 있는 번제단 뿔에 피를 바르고 그 피를 제단 밑에 쏟았습니다(4:25, 30).

그리고 나머지 기름 부위는 번제단에서 태워서 여호와께 향기로운 냄새로 드렸습니다(4:31).

가난한 자와 극빈자들은 비둘기와 고운 곡식가루로 속죄제물을 드렸는데, 비둘기의 경우 한 마리는 번제로, 나머지 한 마리는 속죄제로 드렸습니다(5:7-10).

비둘기도 드릴 수 없는 극빈자들은 유향과 기름을 넣지 않은 고운 곡식가루를 속죄제로 드렸습니다. 이때 한 줌의 기념물만 제단에 태웠고 나머지는 제사장에게 주었습니다(5:11-13).

2. 속죄의 가장 중요한 핵심은 "피 뿌림"으로써 정결하게 되는 것입니다.

하나님께서 백성들의 죄를 사해주시기 위해서 성소의 기구들과 제사장의 손과 귀, 심지어 발가락과 옷에도 피를 뿌리게 하셨습니다(8:22-24, 30).

"피 흘림이 없은즉 죄 사함도 없느니라"(히 9:22)

죄로 인한 부정과 타락에서 회복할 수 있는 길은 오직 "예수 그리스도의 피"입니다(벧전 1:2, 요일 1:7).

* 히 9:12-13절을 다 같이 묵상합시다!

청중 적용

사랑하는 여러분!

1. **우리 중에 죄를 가볍게 여기는 사람들이 늘어가고 있습니다.**

죄를 범하고도 죄책감이나 양심의 소리를 전혀 듣지 못하는 사람들이 많아지고 있습니다.
- 다들 그렇게 산다고 합리화 합니다.
- 왜 나만 꼬집어 들추어내느냐고 도리어 큰소리를 치기도 합니다.
- 실수라고 말하고 대수롭지 않게 여기고 넘어가는 일이 빈번합니다.
- "미안합니다", "잘못했습니다", "용서를 구합니다"라는 말을 거북하게 여기고 기피합니다.
- 심지어 무슨 잘못을 저질렀는지도 전혀 느끼지 못하는 냉혈적 인간들도 적지 않습니다.

2. **회개가 살 길입니다.**

죄책감을 느끼지 못하고 양심의 소리를 듣지 못하는 것은 죄가 쌓여서 감각을 잃었기 때문입니다.

1) 작은 죄라도 즉시 회개하는 습관이 살 길입니다.

죄는 무겁고 가벼운 것이 없습니다. 모든 죄는 다 무거운 것이며 회개의 대상입니다. 작은 죄를 무시하고 넘어가면 돌이킬 수 없는 결과를 초래할 수 있습니다.

2) 용서받고 용서하는 적극적인 태도를 가져야 합니다.

하나님께도 용서받고 사람에게도 용서받아야 죄가 무너집니다. 용서를 받으려면 죄를 고백하고 용서도 해주어야 합니다. 용서받고, 용서해 주는 습관이 적극적으로 필요합니다. 용서를 원한다면 먼저 용서해 주는 적극적 태도를 보이십시오.

3) 하나님은 죄를 버리려는 자에게 다가오십니다.

죄를 버리는 자가 하나님을 가까이 하는 자이기 때문입니다.

"하나님을 가까이 하라 그리하면 그가 가까이 하시리라"(약 4:8)

청중 결단

세상에서 가장 좋은 습관인 "회개의 습관"을 가지십시오!
반복적인 행동이 습관입니다. 반복적인 회개는 하나님과 바른 관계, 사람과의 바른 관계를 만듭니다!

05
속건제

속건제는 물건에 대한 문제가 아닙니다. 사람이 어찌 물건보다 못할 수 있으며 물건에게 범죄 하는 일이 있을 수 있겠습니까.
속건제는 물건을 소유하고 있는 사람과의 관계를 해결하고 회복시키시려는 제사입니다. 그러므로 속건제는 개인적인 제사입니다.

레 5:14-6:7

여호와께서 모세에게 말씀하여 이르시되
누구든지 여호와의 성물에 대하여 부지중에 범죄하였으면 여호와께 속건제를 드리되 네가 지정한 가치를 따라 성소의 세겔로 몇 세겔 은에 상당한 흠 없는 숫양을 양 떼 중에서 끌어다가 속건제로 드려서
성물에 대한 잘못을 보상하되 그것에 오분의 일을 더하여 제사장에게 줄 것이요 제사장은 그 속건제의 숫양으로 그를 위하여 속죄한즉 그가 사함을 받으리라
만일 누구든지 여호와의 계명 중 하나를 부지중에 범하여도 허물이라 벌을 당할 것이니
그는 네가 지정한 가치대로 양 떼 중 흠 없는 숫양을 속건제물로 제사장에게로 가져갈 것이요 제사장은 그가 부지중에 범죄한 허물을 위하여 속죄한즉 그가 사함을 받으리라
이는 속건제니 그가 여호와 앞에 참으로 잘못을 저질렀음이니라
여호와께서 모세에게 말씀하여 이르시되
누구든지 여호와께 신실하지 못하여 범죄하되 곧 이웃이 맡긴 물건이나 전당물을 속이거나 도둑질하거나 착취하고도 사실을 부인하거나
남의 잃은 물건을 줍고도 사실을 부인하여 거짓 맹세하는 등 사람이 이 모든 일 중의 하나라도 행하여 범죄하면
이는 죄를 범하였고 죄가 있는 자니 그 훔친 것이나 착취한 것이나 맡은 것이나 잃은 물건을 주운 것이나
그 거짓 맹세한 모든 물건을 돌려보내되 곧 그 본래 물건에 오분의 일을 더하여 돌려보낼 것이니 그 죄가 드러나는 날에 그 임자에게 줄 것이요
그는 또 그 속건제물을 여호와께 가져갈지니 곧 네가 지정한 가치대로 양 떼 중 흠 없는 숫양을 속건제물로 위하여 제사장에게로 끌고 갈 것이요
제사장은 여호와 앞에서 그를 위하여 속죄한즉 그는 무슨 허물이든지 사함을 받으리라

속건제

하나님께서 요구하신 다섯 번째 제사는 15-16절에 말씀하고 계십니다.

"누구든지 여호와의 성물에 대하여 부지중에 범죄 하였으면 여호와께 속건제를 드리되 네가 지정한 가치를 따라 성소의 세겔로 몇 세겔 은에 상당한 흠 없는 숫양을 양떼 중에서 끌어다가 속건제로 드려서 성물에 대한 잘못을 보상하되 그것에 오분의 일을 더하여 제사장에게 줄 것이요 제사장은 그 속건제의 숫양으로 그를 위하여 속죄한즉 그가 사함을 받으리라"

한마디로 물건에 대하여 범죄했을 때 흠 없는 숫양을 끌어다가 속건제로 드리라는 말씀입니다.

설교를 이끄는 관점

좀 이해가 안 되는 말씀 아닙니까?
하나님과 사람에게 범죄했다면 당연히 속죄를 위하여 제사를 드리는 것이 마땅합니다. 하지만 물건에 대하여 범죄 했다는 말은 쉽게 납득할 수 없는 말입니다. 물건은 인격체가 아닙니다. 물건에게 범죄 했다는 말은 물건이 사람과 동등하거나 사람보다 우월하다는 의미인데 말이 안 됩니다.

사람이 물건 때문에 속죄를 받기 위해서 제사를 드리라니 어이없는 처사입니다. 우리 중에 어떤 사람도 자기가 사용하는 물건에게 죄를 범했다는 생각을 가진 자가 없을 것입니다.

물건 때문에 속죄를 위한 제물을 드리고 제사하라는 말씀을 어떤 의미로 받아들여야 할까요?

하나님의 목적으로 해결

속건제는 물건에 대한 문제가 아닙니다. 사람이 어찌 물건보다 못할 수 있으며 물건에게 범죄 하는 일이 있을 수 있겠습니까!

속건제는 물건을 소유하고 있는 사람과의 관계를 해결하고 회복시키려는 제사입니다. 그러므로 속건제는 개인적인 제사입니다. 그리고 제물로 누구든지 흠 없는 숫양으로 드리라 하셨습니다.

1. 속건제는 사람의 힘으로 어찌할 수 없는 물리적인 범죄에 대하여 속죄를 받고 회복하는 제사입니다.

물리적인 범죄, 경제적 손실에 대한 배상과 탕감을 목적으로 개인이 드리는 제사입니다. 속건제의 핵심은 잘못을 인정하고 그에 따른 보상절차까지 마무리하면서 제사를 마치게 했습니다. 최소 피해액의 오분의 일을 더하여 보상하게 했습니다(5:16).

2. 속건제를 드려야할 경우

1) 성물에 대하여 범죄 했을 경우(5:15-16)

하나님 전의 성물을 부지중에 잘못 사용했거나 거룩성을 훼손하였을 경우입니다. 하나님의 성물을 함부로 취급하는 것은 하나님에 대한 모욕과 멸시입니다. 이는 하나님을 불편하게 해드리는 행위입니다. 그러므로 반드시 하나님께 속죄함으로 하나님의 심정을 살펴 드려야 합니다.

2) 여호와께서 명하신 계명 중 하나라도 어겼을 경우(5:17-19)

여기서 말하는 여호와의 계명 중 하나는, 속건제에 해당하는 제물을 드리는 계명 중 하나로 생각할 수 있습니다. 예를 들면 십일조와 봉헌물입니다. 하나님께 마땅히 드려야 할 제물이나 물건을 드리지 않았다면 반드시 속죄 받아야할 죄이며, 하나님께 갚아야 할 빚입니다.

하나님께서는 백성들이 정당하게 드리는 제물을 통하여 성소를 관리하게 하셨고 제사장들의 생활을 유지하게 하셨습니다.

"이는 속건제니 그가 여호와 앞에 참으로 잘못을 저질렀음이니라"(19)

마땅히 드려야할 것을 드리지 않으면 죄가 됨을 잊지 말아야 합니다.

3) 이웃의 재산을 손실한 경우(6:1-7)

속건제는 관계를 회복하려는 목적이 있습니다. 다음과 같은 경우에 속건제를 드리고 보상처리를 거쳐서 관계를 회복할 수 있도록 하셨습니다.
- 당시에는 은행이 없었습니다. 주로 부자들이 위탁증이나 보관증을 써주고 돈을 맡았습니다. 그런데 돈을 맡은 자가 보관증을 주지 않고 돈을 갈취한 경우
- 물건을 주고 돈을 빌렸는데 속이거나 사실을 부인할 경우
- 남의 것을 도적질한 경우
- 남의 것을 강제로 빼앗을 경우
- 남의 것을 줍고도 사실을 부인하거나 거짓 맹세를 하는 경우

속건제에 해당하는 이런 경우에는 잘못을 뉘우치고 원금 액수의 오분의 일(20%)을 더하여 배상해야 합니다. 그리고 흠 없는 숫양을 제물로 드려서 속죄를 받아야 합니다.

4) 속건제는 하나님과 이웃에 대한 사랑과 용서입니다.
예수님께서도 형제와 화목하고 그 후에 와서 예물을 드리라고 하셨습니다(마 5:24). 이웃의 아픔을 살피지 않고 자기만을 생각하는 것은 하나님께서 매우 경멸하시는 범죄입니다. 내 소유가 귀한 것처럼, 하나님과 이웃의 소유도 귀하게 여기고 존중하는 것이 진정한 사랑입니다. 잘못을 인정하고 회개와 보상이 있을 때 용서받을 자격을 갖추는 것입니다.
속건제는 하나님을 하나님 되시게, 이웃을 내 몸처럼 사랑하는 계명을 완성하는 시간입니다.

청중 적용

사랑하는 여러분!

1. 우리는 혼자서는 살 수 없습니다.

하나님께서 아담에게 하와를 주신 것은 관계를 통하여 보다 나은 삶을 누리도록 서로 배려하는 삶이었습니다. 그런데 배려를 무너뜨리고 혼자만 살려는 사람들이 있습니다. 바로 욕심을 버리지 못하는 사람입니다. 우리 안에 있는 욕심과 이기주의는 하나님과의 관계 그리고 이웃과의 관계를 무너뜨리는 무서운 죄입니다.

- 지금 내가 가장 중요시 여기는 것은 무엇입니까?
  관계입니까? 나입니까?
  관계입니까? 물질입니까?
  우리입니까? 나입니까?
- 자기만을 생각하고 하나님과 주변 그리고 공동체를 소홀히 여기는 것은 결국 나를 무너뜨리는 일입니다.

2. 함께하는 신앙으로 더 성숙해집시다!

예수님은 이 땅에 계시는 동안 아주 지극히 작은 것도 소홀히 여기시지 않으셨습니다. 보잘 것 없는 과부의 두 렙돈부터 부자들의 헌신까지 모두를 소중히 받으시고 복을 주셨습니다.

1) 하나님의 것을 구별함으로 하나님을 하나님 되시게 섬깁시다.

하나님께서 나와 함께하시지 않는다면 신앙은 아무런 의미가 없습니다. 신앙의 목적도 잃은 것입니다. 하나님께서 나와 함께 하시려면 하나님을 소중히 하고, 하나님의 것을 존중하여 드려야 할 것을 합당하게 드려야 합니다.

2) 이웃을 내 몸처럼 사랑합시다.
이웃을 내 몸처럼 사랑하는 것은 이웃의 전부를 사랑하고 존중하는 일입니다. 이런 사람은 이웃에게 함부로 말하거나 남의 것을 함부로 대하지 않습니다.

3) 하나님과 이웃 사이에 가로막힘이 없어야 형통하게 됩니다.
걸림돌은 진행을 방해하는 요소입니다. 속건제는 하나님 앞으로, 세상 앞으로 진행하는 걸림돌을 없애는 복을 가져옵니다.

청중 결단

그리스도인들이 먼저 검소와 나눔을 실천합시다. 남의 것을 함부로 하지 않는 소극적 신앙에서 남을 섬기고 높이는 적극적인 신앙으로 한걸음 더 나아갑시다.

1) 하나님께는 정당하게!
2) 이웃에게는 검소하게!
3) 자신에게는 떳떳하게!

06

제사장 위임식

하나님께서 아론과 그의 아들들에게 위임식이라는 새로운 절차를 갖게 하십니다. 이를 통해서 구별된 자로서의 권위와 사명을 부여하시고 하나님과 백성의 중보자로서 철저한 헌신을 결단하게 하셨습니다.

레 8:1-36

여호와께서 모세에게 말씀하여 이르시되
너는 아론과 그의 아들들과 함께 그 의복과 관유와 속죄제의 수송아지와 숫양 두 마리와 무교병 한 광주리를 가지고
온 회중을 회막 문에 모으라
모세가 여호와께서 자기에게 명령하신 대로 하매 회중이 회막 문에 모인지라
모세가 회중에게 이르되 여호와께서 행하라고 명령하신 것이 이러하니라 하고
모세가 아론과 그의 아들들을 데려다가 물로 그들을 씻기고
아론에게 속옷을 입히며 띠를 띠우고 겉옷을 입히며 에봇을 걸쳐 입히고 에봇의 장식 띠를 띠워서 에봇을 몸에 매고
흉패를 붙이고 흉패에 우림과 둠밈을 넣고
그의 머리에 관을 씌우고 그 관 위 전면에 금 패를 붙이니 곧 거룩한 관이라 여호와께서 모세에게 명령하신 것과 같았더라
모세가 관유를 가져다가 성막과 그 안에 있는 모든 것에 발라 거룩하게 하고
또 제단에 일곱 번 뿌리고 또 그 제단과 그 모든 기구와 물두멍과 그 받침에 발라 거룩하게 하고
또 관유를 아론의 머리에 붓고 그에게 발라 거룩하게 하고
모세가 또 아론의 아들들을 데려다가 그들에게 속옷을 입히고 띠를 띠우며 관을 씌웠으니 여호와께서 모세에게 명령하신 것과 같았더라
모세가 또 속죄제의 수송아지를 끌어오니 아론과 그의 아들들이 그 속죄제의 수송아지 머리에 안수하매
모세가 잡고 그 피를 가져다가 손가락으로 그 피를 제단의 네 귀퉁이 뿔에 발라 제단을 깨끗하게 하고 그 피는 제단 밑에 쏟아 제단을 속하여 거룩하게 하고 (1-15)

 **위임**

하나님께서 모세에게 아주 특별한 행사를 준비하게 하셨습니다. 아론과 그의 아들들을 소집하라 하시고 온 백성들로 회막문 앞에 모이게 하셨습니다.

> "모세가 아론과 그의 아들들을 데려다가 물로 그들을 씻기고 아론에게 속옷을 입히고"(6)

설교를 이끄는 관점

왜 갑자기 아론과 그의 아들들을 씻기는 일을 하라고 하셨을까요? 그것도 온 백성들을 모으고 왜 이런 행사를 하라고 하셨을까요?

7-9절을 보면 모세가 아론과 그 아들들을 씻긴 후 그들에게 입힌 옷은 예사로운 옷이 아닙니다. 아주 화려하게 옷을 입히고 가슴에 각종 보석이 달린 흉패를 붙이게 하셨습니다.

여기서 끝난 것이 아니라 머리에 관을 씌우고 이마가 있는 전면에 금패를 붙인 후 관유를 가져다가 아론의 머리 위에 부었습니다(12).

지금 무슨 행사를 치르는 것일까요?
온 백성들이 지켜보는 데서 이런 절차를 갖게 하신 것을 보면 대단히 중요한 의식임에 틀림없는 듯합니다. 여러분은 이 행사가 무엇인지 알고 계신가요?

하나님의 목적으로 해결

맞습니다! 바로 제사장 위임식 장면입니다. 그런데 왜 이런 위임식을 공개적으로 행하라고 하신 것일까요?
하나님께서 아론과 그의 아들들에게 위임식이라는 새로운 절차를 갖게 하십니다. 이를 통해서 구별된 자로서의 권위와 사명을 부여하시고 하나님과 백성의 중보자로서 철저한 헌신을 결단하게 하셨습니다.

1. 아론과 그의 아들들을 위임하셨습니다(2).

아론과 그의 아들들을 선택하셔서 제사장으로 삼으시는 것은 전적인 하나님의 주권입니다. 모세는 이스라엘 백성들을 대표하는 지도자입니다. 하지만 모세에게는 이런 절차를 행하지 않으셨습니다. 제사장을 구별하시고 세우시는 모든 과정은 전적인 하나님의 주권임을 믿고 따라야 합니다.

2. 모세의 집례로 7일간 거행되었습니다.

매일 첫 날과 같은 예물을 드렸습니다. 아론과 그의 아들들은 7일간 위임식을 진행했으며 7일이 지난 후 직무를 위임받았습니다. 모든 백성들은 회막문 앞에서 이 모든 과정을 지켜보면서 이들에게 부여된 공적 위임을 받들었습니다.

* 위임식은 두 부분으로 나누어서 진행했습니다.
  - 1~13절, 위임식을 위한 사전준비
  - 14~36절, 위임식

이 절차는 새 신분을 부여하고 사명을 일깨우기 위한 예식이었습니다.

3. 제단과 제물 그리고 제사장의 머리에 기름을 부음으로 구별된 자로서의 권위와 책임을 부여하셨습니다(12).

위임식은 3단계로 진행되었습니다.

온 몸을 물로 씻기는 것, 예복을 입히는 것, 관유를 붓는 순서로 진행했습니다.

위임식 전 아론의 아들들의 몸을 씻기고 속옷과 겉옷 그리고 에봇을 걸쳐 입히고, 에봇의 장식 띠를 띠워서 에봇의 몸에 매고 흉패를 붙이고 우림과 둠밈을 넣었습니다. 제사장의 머리에는 관을 씌우고 앞이마 부분에 금패를 붙였습니다.

이 모든 과정은 하나님께서 친히 말씀하신 절차로, 제사장들의 모든 것이 새롭게 구별 되었음을 알리는 의식입니다.

4. 제사장의 옷이 화려한 것은 사치가 아닙니다(7-9).

제사장들에게 입힌 옷은 대단히 화려하고 그 옷에 장식된 보석들은 매우 귀한 것들입니다. 보통 사람들은 쉽게 접할 수 없는 값비싼 것들입니다. 이는 하나님께서 친히 구별하여 입히신 것으로 하나님의 대리자가 된 제사장에게 합당한 품위와 명예를 주신 것을 의미합니다. 제사장의 옷과 장식들은 모두 하나님의 영광을 의미합니다.

5. 위임식 제사를 드림으로 구별하셨습니다(14-36).

위임식 제사는 속죄제와 번제 그리고 화목제로 드렸습니다.

- 속죄제(정결제)

제사장이 먼저 자신을 거룩하게 하고 하나님께 나아가야 함을 알려주셨습니다.

- 번제

제사장이 가장 먼저 모든 것을 드리는 헌신의 사람으로 살아갈 것을 다짐하게 하셨습니다.

- 화목제

위임식에서 화목제물로 드려진 제물의 피를 아론과 그 아들들의 오른쪽 귓불, 오른손 엄지가락과 오른발 엄지가락에 발랐습니다(23-24). 그리고 이들이 입는 옷에도 뿌렸습니다. 이로써 이들이 하나님과 백성들을 대표하는 중보자로서 선택되었고 공적으로 그 권한이 위임되었음을 선포했습니다. 이를 통하여 하나님과 백성 사이를 화목하게 하는 사명이 주어졌음을 선언하였습니다.

그리고 예식의 마무리로 화목제물을 먹음으로 위임 받은 제사장 그리고 중보자로서의 직무를 시작했습니다.

청중 적용

사랑하는 여러분!

1. 우리는 교회에서 진행되는 이런저런 행사들을 보면서 꼭 저런 예식을 해야 되는지 궁금해 하시는 분들이 있습니다.

복잡한 절차 없이 간단히 명명하는 것으로도 충분하다는 생각을 갖습니다. 절차 없이도 직분을 수행하는 데 어려움이 없으니 이런 예식 자체를 하지 말자는 주장도 있습니다.

여러분들의 생각은 어떻습니까?
* 행사를 치르는 것이 물질적인 부담이 된다고 합니다.
* 절차에 불과한데 꼭 해야 되는지 의문을 제기합니다.
* 권위적이고 의식적인 부분이 불편하다고 합니다.
* 정말 이런 부분들 때문에 모든 절차와 의식을 그만두어야 할까요?

2. 하나님은 직분자를 세우는 일에 절차와 의식을 통해 구별된 자로서 새로운 시작을 모두에게 선포하십니다.

1) 위임식 절차와 모든 것은 하나님께서 계획하시고 주관하셨습니다.

하나님께서는 직분을 세우는 일에 아주 큰 관심을 갖고 계시며 직분자를 세우는 일에 하나님의 목적이 실현되기를 원하십니다.
- 하나님께서 친히 구별하신 자를 세웁니다.
- 절차와 의식은 그들에게 공적인 권한과 책임을 부여하는 시간입니다.
- 모두에게 이 공적 위임절차를 공개하심으로 위임을 받은 자들에게 임한 하나님의 주권을 믿고 따르게 하셨습니다.

2) 하나님께서 나를 세우신 목적대로 살아야 합니다.
먼저 자신을 구별된 자로 살펴서 백성들에게 본이 되어야 합니다. 하나님의 영광이 떠나지 않도록 항상 자신을 구별된 자로 성결케 하는 일에 게으르지 말아야 합니다. 중요한 것은 세우신 자들로 인하여 하나님과 백성들이 화목하게 되어야 합니다.

3) 예수님은 중보자로서 위임받은 사명을 위하여 자신을 제물로 드림으로써 하나님과 우리를 화목하게 하신 대제사장이십니다. 그러므로 우리도 받은 직분을 통하여 예수님처럼 사명을 감당해야 합니다.

청중 결단

직분 받은 나를 향하신 하나님의 기대를 잊지 맙시다.
하나님께서 나를 세우신 것은 나를 통하여 일하시기 원하시며, 나를 통해서 세상과 화목하길 원하시기 때문입니다.
직분의 소중함과 사명을 다시 일깨웁시다!

07

손을 들어 축복함으로

하나님께서 아론의 아들들을 통하여 복을 내리심으로 모든 예배를 마무리하게 하신 것은 하나님께 예배 드린 자와 관계가 회복되었음을 선포한 것입니다.

레 9:22-24

아론이 백성을 향하여 손을 들어 축복함으로 속죄제와 번제와 화목제를 마치고 내려오니라
모세와 아론이 회막에 들어갔다가 나와서 백성에게 축복하매 여호와의 영광이 온 백성에게 나타나며
불이 여호와 앞에서 나와 제단 위의 번제물과 기름을 사른지라 온 백성이 이를 보고 소리 지르며 엎드렸더라

축복

제사장 위임식 제사를 마치고 모세와 아론과 그의 아들들, 이스라엘 장로들을 모으고 백성들을 위한 첫 제사를 드렸습니다(1).

아론과 그의 아들들이 위임 받은 후 드린 제사는 속죄제와 번제와 화목제였습니다(2-21).

아론이 백성들을 향하여 손을 들어 축복함으로 속죄제와 번제와 화목제를 모두 마쳤습니다(22).

그리고 모세와 아론이 회막에 들어갔다가 나와서 백성들을 또다시 축복합니다(23).

설교를 이끄는 관점

여기서 아론이 백성들을 향하여 축복했다는 말이 두 번이나 나옵니다. 제사를 마치면서 한 번 그리고 회막에 들어갔다가 나와서 또 한 번 백성들을 축복했습니다.

제사는 하나님께 드리는 예배 행위입니다. 그렇다면 아론이 축복할 것이 아니라 하나님께서 복을 내리셨음을 나타내야 함이 마땅합니다.

백성들은 아론의 축복을 기대하는 것이 아니라 하나님의 복을 갈망하고 제사를 드렸습니다. 그런데 왜 하나님께서 복을 내리셨다는 말은 없고 아론이 백성들을 축복했다는 말만 두 번이나 강조하고 있을까요?

여러분들은 하나님의 복을 기대하고 오늘 예배에 오셨습니까? 아론의 복을 기대하고 오셨습니까?

하나님의 목적으로 해결

우리가 분명하게 알아야 할 것은 아론이 축복했다고 해서 아론이 복을 주관하는 자가 아니라는 사실입니다. 모든 복은 전능하신 하나님께서 주관하십니다.

아론이 그 백성들에게 두 번이나 축복한 것은 아론 개인의 생각이 아니라 하나님을 예배하는 자들에게 축복하라고 명령하신 복을 선포한 것입니다.

하나님께서는 아론과 그의 아들들에게 민 6:22-26절의 복을 선포하라고 하셨습니다. 아론은 그 말씀대로 백성들을 축복했습니다.

1. 하나님께서는 예배를 통하여 하나님과 관계가 회복된 백성들에게 복을 선포하셨습니다(22-23).

하나님께서 아론의 아들들을 통하여 복을 내리심으로 모든 예배를 마무리하게 하신 것은 하나님께 예배 드린 자와 관계가 회복되었음을 선포한 것입니다.

하나님께서 복을 내리심은 백성들을 향한 응답이요 내일을 여신다는 약속입니다. 그 증거로 아론이 백성들을 축복한 후 여호와께서 불을 내려서 제단 위의 번제물과 기름을 태우셨습니다.

이는 여호와께서 그들의 예배를 기쁘게 받으심입니다. 또한 반드시 아론의 축복대로 그 백성들에게 복을 내리신다는 증거였습니다.

2. 아론은 그 백성들에게 하나님의 복을 선포했습니다(민 6:22-26).

하나님께서 아론과 그의 아들들에게 "너희는 이스라엘 자손을 위하여 이렇게 축복하라"고 말씀하신 내용으로 복을 선포했습니다.

1) "여호와께서는 네게 복을 주시며." 이는 그 백성 한 사람 한 사람에게 복 주심을 선포하신 것입니다.

2) "여호와께서는 너를 지키시기를 원하며." 이는 그 백성들 한 사람 한 사람을 지키고 돌보시는 복을 선포하신 것입니다.

3) "여호와께서는 그 얼굴을 네게 비추사 은혜 베푸시기를 원하며." 이는 그 백성 한 사람 한 사람을 살피시며 필요한 은혜를 베푸시는 복을 선포하신 것입니다.

4) "여호와께서는 그 얼굴을 네게로 향하여 드사 평강 주시기를

원하노라." 이는 그 백성에게 평강의 복을 선포하신 것입니다. 하나님이 주시는 평강은 세상의 기쁨과 만족과도 비교될 수 없는 복입니다.

3. 하나님의 복을 받은 백성들은 소리를 지르며 기뻐했습니다 (24).

"온 백성이 이를 보고 소리 지르며 엎드렸더라." 이는 하나님께서 자신들의 예배를 열납하시고 축복하심에 대한 기쁨의 표현입니다.

여기서 "소리를 지르며 엎드렸다"는 말은 기쁨의 함성을 지르며 하나님을 경외했다는 의미입니다. 하나님께서 주시는 복은 기쁨이요, 평안입니다.

청중 적용

사랑하는 여러분!
1. 우리에게 복이 필요합니다.

우리의 힘으로 얻을 수 있는 복도 있지만 우리의 힘으로 얻을 수 없는 복이 더 많습니다. 그래서 우리는 복을 받기 위해 노력합니다.
- 바르게 살려고 합니다.
- 공덕을 쌓으려고 합니다.
- 자선을 베풀기로 합니다.
- 복의 통로를 찾아서 안 다니는 곳이 없습니다.
- 어떤 사람은 복을 가져다 준다는 물건이나 표식을 지니고 다니기도 합니다.

정말 이런 것들을 실천하면 내가 원하는 복을 받을 수 있을까요? 여러분은 어떻게 복을 받고 누리고 있습니까?

2. 인간에게 필요한 모든 복은 하나님께서 주십니다.

하나님은 만복의 주인이십니다. 하나님께서 복을 주시지 않으면 인간은 어떤 노력을 해도 복을 받을 수도, 누릴 수도 없습니다.

1) 지금 내게 주신 복은 하나님께서 주신 결과임을 믿으시기 바랍니다. 하나님께서 주신 복을 소중히 여기고 감사할 때 더 큰 복을 누릴 수 있습니다. 복을 소중히 여기지 않으면 주신 복도 누릴 수 없습니다.

2) 하나님은 내게 필요한 모든 복을 주실 수 있습니다.
하나님은 우리가 복을 받지 못해서 힘들고 지친 삶을 사는 것을 원하지 않습니다.
- 나의 필요를 채우시려고 예수님을 보내서서 하나님의 복을 받을 수 있는 길을 열어주셨습니다.
- 예수 그리스도 안에서 필요한 복을 하나님 아버지께 구하십시오.
- 하나님 아버지께로부터 온갖 좋은 은사들이 우리에게 복으로 내려옵니다.

3) 지금도 하나님은 우리에게 복을 내리십니다.
복을 받아야할 자들에게 합당한 복을 필요한 때에 충분히 내려 주십니다.

청중 결단

　예배는 우리에게 필요한 온갖 좋은 것들을 복으로 주시는 시간입니다.
　하나님은 예배자 한 사람 한 사람을 아론을 통해서 축복하셔서 세상에 보내십니다.

　축도는 하나님께서 아론(목사)을 통해서 복 주시는 음성입니다.
　복 주시는 시간입니다. 복 주시는 내용입니다.
　이 복을 소홀히 여기면 안 됩니다.
　예배 마치는 시간, 반드시 축도를 통하여 하나님께서 주시는 복을 받으십시오!

08

나답과 아비후

나답과 아비후는 다른 불을 사용함으로 하나님께서 스스로 구별하신 거룩함을 무시했고 하나님의 영광, 즉 하나님의 얼굴을 욕 되게 했기에 하나님께서 그들을 치셨습니다.

레 10:1-11

아론의 아들 나답과 아비후가 각기 향로를 가져다가 여호와께서 명령하시지 아니하신 다른 불을 담아 여호와 앞에 분향하였더니
불이 여호와 앞에서 나와 그들을 삼키매 그들이 여호와 앞에서 죽은지라
모세가 아론에게 이르되 이는 여호와의 말씀이라 이르시기를 나는 나를 가까이 하는 자 중에서 내 거룩함을 나타내겠고 온 백성 앞에서 내 영광을 나타내리라 하셨느니라 아론이 잠잠하니
모세가 아론의 삼촌 웃시엘의 아들 미사엘과 엘사반을 불러 그들에게 이르되 나아와 너희 형제들을 성소 앞에서 진영 밖으로 메고 나가라 하매
그들이 나와 모세가 말한 대로 그들을 옷 입은 채 진영 밖으로 메어 내니
모세가 아론과 그의 아들 엘르아살과 이다말에게 이르되 너희는 머리를 풀거나 옷을 찢지 말라 그리하여 너희가 죽음을 면하고 여호와의 진노가 온 회중에게 미침을 면하게 하라 오직 너희 형제 이스라엘 온 족속은 여호와께서 치신 불로 말미암아 슬퍼할 것이니라
여호와의 관유가 너희에게 있은즉 너희는 회막 문에 나가지 말라 그리하면 죽음을 면하리라 그들이 모세의 말대로 하니라
여호와께서 아론에게 말씀하여 이르시되
너와 네 자손들이 회막에 들어갈 때에는 포도주나 독주를 마시지 말라 그리하여 너희 죽음을 면하라 이는 너희 대대로 지킬 영영한 규례라
그리하여야 너희가 거룩하고 속된 것을 분별하며 부정하고 정한 것을 분별하고
또 나 여호와가 모세를 통하여 모든 규례를 이스라엘 자손에게 가르치리라

다른 불

아론의 아들은 나답과 아비후 그리고 엘르아살과 이다말입니다. 아론과 네 명의 아들은 제사장으로 세워지는 구별된 복을 받았습니다. 한 가문이 특별한 복을 받았습니다.

제사장으로 세워진 나답과 아비후가 하나님께 제사를 드렸습니다. 그런데 끔찍한 일이 발생합니다.

"불이 여호와 앞에 나와 그들을 삼키매 그들이 여호와 앞에서 죽은지라"(2절)

나답과 아비후가 여호와께 분향을 하다가 그 자리에서 즉사한 것입니다.

설교를 이끄는 관점

어쩌다가 이런 일이 일어났을까요?
제사장이 하나님을 제사하는 일을 하다가 그 자리에서 죽은 일은 모두에게 엄청난 충격이었습니다. 모든 사람들이 놀라고 안타까워했겠지만 두 아들의 아비인 아론의 심정은 이루 말 할 수 없었을 것입니다.

엊그제 제사장이 되었는데 오늘 싸늘한 시신이 되어서 자기 앞에 누워있는 두 아들을 바라보는 아비의 심정을 어찌 말로 다 표현할 수 있겠습니까! 3절을 보면 "아론이 잠잠하니"라고 표현합니다. 이는 할 말을 잃어버린 아비의 모습입니다.

왜 이런 일이 일어났습니까?
이들이 무엇을 잘못했기에 이런 끔찍한 사건이 일어난 것일까요?

"여호와께서 명령하시지 아니하신 다른 불을 담아 여호와 앞에 분향하였더니"(1)

문제의 원인은 "다른 불" 때문이었습니다. 여기서 말하는 다른 불은 어떤 불을 의미합니까? 다른 불이란 말은 여호와께서 분향하는 불이 따로 있다는 말인데 그 불은 어떤 불입니까?

그런데 왜 이들은 다른 불을 사용했을까요?
여호와께서 분향하는 불이 있다는 사실을 모르고 한 일일까요?
아니면 우리가 모르는 어떤 사정이라도 있는 것일까요?

하나님의 목적으로 해결

하나님께서 아론의 두 아들 나답과 아비후를 치신 것은 하나님의 거룩함과 영광을 훼손했기 때문입니다.

"나는 나를 가까이 하는 자 중에서 내 거룩함을 나타내겠고 온 백성 앞에서 내 영광을 나타내리라"(3)

하나님의 거룩함은 하나님만 받으셔야 될 구별됨이며, 하나님의 영광은 하나님의 얼굴을 의미합니다. 나답과 아비후는 다른 불을 사용함으로 하나님께서 스스로 구별하신 거룩함을 무시했고 하나님의 영광, 즉 하나님의 얼굴을 욕 되게 했기에 하나님께서 그들을 치셨습니다.

모든 백성들이 하나님의 거룩함과 영광을 지켜야 하지만 특히 제사장으로 구별된 나답과 아비후는 더 철저하게 자신을 살피고 하나님을 섬기는 일에 깨어 있어야 했습니다. 그러나 그들은 그러지 못했습니다.

1. 이들이 사용한 다른 불은 하나님께 드릴 수 없는 불이었습니다.

레 9:24절에 보면 여호와의 불이 번제단 위의 제물을 태우셨습니다. 그리고 이 불은 이후 모든 제사에 사용되는 불이었습니다.

제사장의 직무 중 하나는 번제단의 불이 꺼지지 않도록 관리하는 일이었습니다(레 16:12). 나답과 아비후는 여호와의 불이 아닌 다른 불을 가져다가 여호와께 분향했습니다.

이들이 가져온 불은 "이상한 불", "인정할 수 없는 불"로서 여호와께 드릴 수 없는 더럽혀진 불이었습니다.

여호와께서 거룩하게 구별하여 주신 불 대신 세상의 더러운 불을 드려서 하나님의 거룩하심과 영광을 훼손했으니 하나님께서 진노하셨습니다.

2. 나답과 아비후가 다른 불을 드린 것은 분별력을 상실했기 때문입니다(8-11).

두 아들 나답과 아비후의 죽음에 대하여 힘들어 하던 아론에게 여호와께서 직접 말씀하셨습니다. 나답과 아비후가 술을 마시고 분별력을 잃고 회막에 들어갔다고 하셨습니다. 술에 취한 나답과 아비후는 "거룩하고 속된 것을 분별하여 부정하고 정한 것을 분별"하지 못했다고 하셨습니다(10).

그리고 이후에는 절대 이런 일이 일어나지 않도록 "너와 네 자손들이 대대로 지킬 영원한 규례"로 삼으라고 명령하셨습니다(9).

3. 나답과 아비후의 장례절차를 금했습니다(4-7).

아들의 죽음을 애통해하거나 인간적인 동정을 금했습니다. 이들은 하나님의 영광을 무너뜨렸고 직분을 바르게 지키지 못했기에 어떤 장례절차도 금하셔서 다른 이들에게 교훈을 삼게 했습니다.

머리를 풀거나 옷을 찢지 못하게 했으며 여호와께서 치신 불로 말미암아 슬퍼하게 했습니다.

청중 적용

사랑하는 여러분!

1. 오늘 우리는 어떤 모습으로 하나님께 나아가고 있습니까?

하나님을 바르게 예배하기 위해서 무엇을 분별하고 있습니까? 많은 그리스도인들이 자신을 점검하지 않은 채 하나님께 예배하고 있습니다.

- 아무렇게라도 예배의 자리에만 나오면 그만이라는 생각을 가지고 있습니다.
- 예배자로서 자신을 점검하거나 전혀 자신을 살피지도 않습니다.
- 특별히 직분을 받은 분들 가운데 직분에 합당한 삶과 헌신이 없는 예배자들도 적지 않습니다.
- 하나님의 거룩함이나 영광에는 전혀 관심도 없고 오직 자신의 문제나 받을 복에만 매달리는 사람들도 많습니다.

하나님께서는 이런 우리의 모습을 어떻게 생각하실까요? 혹 나답과 아비후처럼 여기시지는 않을까요?

2. 하나님을 하나님 되시게 섬겨야 합니다.

하나님은 세상과 구별된 분이십니다. 세상과 세속적인 것들로 하나님을 섬길 수는 없습니다. 하나님은 구별된 거룩하심과 하나님의 영광이 지켜지기를 원하십니다.

1) 분별력을 가져야 합니다.

분별력이란 하나님께 합당한 예배를 드리기 위한 자기점검입니다. 예배 전에 내 모습 이대로 드려도 되는지를 살펴야 합니다. 자신의 형편과 처지를 앞세워서 하나님이 원하시는 것을 무시하고 제멋대로 드리는 예배가 되지 않도록 철저한 살핌이 있어야 합니다.

   2) 자신을 지켜야 합니다.

   우리 주변에는 신앙을 위협하는 세력들이 너무도 많습니다. 이것들 중에 특히 신앙인들을 무너뜨리는 요소들이 있습니다. 바로 술과 담배입니다.

   음주와 흡연은 나를 무너뜨리는 걸림돌입니다. 이것들은 절제하기 쉽지 않으며 분별력을 잃어버리도록 사탄이 사용하는 도구입니다(잠 23:33-35). 자신을 지키려는 신앙으로 무장한다면 얼마든지 이겨낼 수 있습니다.

   3) 나답과 아비후의 하나님은 오늘 우리가 섬기는 하나님입니다.

   나답과 아비후를 통한 경고를 절대 무시해서는 안 됩니다. 그분은 나를 지키시고 복 주시기를 원하십니다.

청중 결단

주일 하루만이라도 구별되게 하나님께 드려봅시다.
주일 예배만이라도 온전히 하나님께 영광을 돌려봅시다!
1) 하나님께서 원하시는 예배를 준비합시다.
2) 주일에 금할 것과 예배에 방해되는 것을 금합시다.
3) 직분에 맞는 섬김과 헌신으로 나아갑시다.
4) 예배는 복을 누리는 시간입니다.

불편하고 괴로운 예배시간이 되지 않도록 자신을 점검하고 하나님께 집중합시다.

09

먹을 것과
먹지 말아야 할 것

어떤 음식도 우리를 정결하게 하거나 부정하게 할 수 없습니다. 하나님께서 이런 규례를 주신 이유가 있습니다.

레 11:1-47

여호와께서 모세와 아론에게 말씀하여 이르시되
이스라엘 자손에게 말하여 이르라 육지의 모든 짐승 중 너희가 먹을 만한 생물은 이러하니
모든 짐승 중 굽이 갈라져 쪽발이 되고 새김질하는 것은 너희가 먹되
새김질하는 것이나 굽이 갈라진 짐승 중에도 너희가 먹지 못할 것은 이러하니 낙타는 새김질은 하되 굽이 갈라지지 아니하였으므로 너희에게 부정하고
사반도 새김질은 하되 굽이 갈라지지 아니하였으므로 너희에게 부정하고
토끼도 새김질은 하되 굽이 갈라지지 아니하였으므로 너희에게 부정하고
돼지는 굽이 갈라져 쪽발이로되 새김질을 못하므로 너희에게 부정하니
너희는 이러한 고기를 먹지 말고 그 주검도 만지지 말라 이것들은 너희에게 부정하니라
물에 있는 모든 것 중에서 너희가 먹을 만한 것은 이것이니 강과 바다와 다른 물에 있는 모든 것 중에서 지느러미와 비늘 있는 것은 너희가 먹되
물에서 움직이는 모든 것과 물에서 사는 모든 것 곧 강과 바다에 있는 것으로서 지느러미와 비늘 없는 모든 것은 너희에게 가증한 것이라
이들은 너희에게 가증한 것이니 너희는 그 고기를 먹지 말고 그 주검을 가증히 여기라
수중 생물에 지느러미와 비늘 없는 것은 너희가 혐오할 것이니라

(1-12)

먹을 것(부정)

병원에서 의사 선생님들이 약을 처방하면서 어떤 음식은 먹고 어떤 음식은 먹지 말라는 권고를 들은 적이 있을 것입니다.

왜 이런 처방을 했을까요? 음식에 무슨 나쁜 성분이라도 있는 것일까요?

어느 나라에는 "네 발 달린 것은 책상 다리와 자동차 바퀴만 빼고 다 먹는다"는 말도 있습니다. 여러분이 어떤 음식을 먹지 않는다면 어떤 이유에서 그런 결정을 하신 것입니까?

여호와께서 모세와 아론에게 특별한 지시를 내리셨습니다.

"이스라엘 자손에게 말하여 이르라 육지의 모든 짐승 중 너희가 먹을 만한 생물은 이러하니"(2)

이 말씀은 먹어야 할 것이 있고 먹지 말아야 할 것이 있음을 이르시는 말입니다.

설교를 이끄는 관점

왜 먹어야 할 것과 먹지 말아야 할 것을 구별하셨까요?

3-43절까지 아주 자세하게 음식에 대한 규례를 말씀하셨는데, 이것들을 이렇게 구별하시는 특별한 이유라도 있을까요?

하나님께서 먹지 말라고 정하신 음식들은 어떤 것입니까?

1) 짐승 중에서 굽이 갈라졌거나 새김질을 하지 않은 것이면 먹을 수 없습니다(1-8).

2) 어류 중에서는 지느러미와 비늘이 없으면 먹을 수 없습니다(9-12).

3) 조류 중에서 날개가 있고 네 발로 기어다니며 다리가 있어 뛰어 다니는 것은 먹을 수 없습니다(13-23).

4) 파충류는 먹을 수 없습니다(29-31절, 40-42).

이런 것들을 먹지 말라고 하신 것은 이것들이 부정하고 가증한 것이기 때문입니다. 이런 음식을 먹으면 사람이 부정하게 되고 하나님께 나아갈 수 없다고 하셨습니다.

정말 이런 음식들이 우리를 더럽게 할 수 있습니까?

그렇다면 반대로 하나님께서 허락하신 음식들을 먹는다면 우리가 거룩하게 될 수 있다는 것입니까?

하나님의 목적으로 해결

그렇지 않습니다. 어떤 음식도 우리를 정결하게 하거나 부정하게 할 수 없습니다. 하나님께서 이런 규례를 주신 이유가 있습니다.

"나는 여호와 너희 하나님이라 내가 거룩하니 너희도 몸을 구별하여 거룩하게 하고 땅에 기는 길짐승으로 말미암아 스스로 더럽히지 말라"(44)

"내가 거룩하니 너희도 거룩할지어다"(45)

하나님께서는 당신의 자녀들이 세상에서 "몸이 구별된 거룩한 자"로 살아가기를 원하십니다. 하나님은 그의 자녀들이 하나님께서 정해주신 규례 중 어떤 음식을 먹지 않음으로 세상과 구별된 몸으로 하나님의 거룩하심을 이루어드리는 자가 되기를 원하십니다.

음식이 아니라 하나님의 거룩하심을 삶에서 실천하기를 요구하셨습니다.

1. 하나님의 자녀들은 하나님의 말씀을 지킴으로 하나님의 거룩하심에 참여합니다.

음식은 우리를 거룩하게 할 수 없습니다. 음식을 먹거나 먹지 말라고 하신 계명을 지킴으로 하나님과 관계를 유지하게 됩니다.

하나님께서 말씀하신 부정이란 "하나님과 연합할 수 없는 상태, 하나님께서 거리를 두시거나 단절한 상태"를 의미합니다.

2. 음식은 하나님의 자녀를 구별하는 임시 수단입니다.

음식을 통한 하나님의 자녀들의 구별된 삶은 지속적이며 영원한 규례가 아닙니다.

예수님께서도 이 땅에 계시는 동안 유대인의 규례에 따라서 음식을 드셨습니다. 하지만 속죄 완성 이후에는 음식에 대한 규례를 폐지하셨습니다.

우리가 거룩하게 되는 기준은 음식이 아니라 예수 그리스도의 보혈로 거룩하게 되기 때문입니다. 하나님의 자녀 됨의 기준이 어떤 음식을 먹느냐 안 먹느냐 아니라 예수 그리스도를 믿느냐 믿지 않느냐로 바뀌었기 때문입니다.

그러므로 우리는 예수 그리스도 안에서 거룩하게 되며 자유를 누립니다(롬 8:1-2).

3. 더 이상 음식으로 하나님의 거룩성에 참여할 수 없습니다.

하나님 자녀 됨의 증거는 예수님의 죽으심과 부활을 믿음으로 하나님과 교제하는 영적 삶입니다.

1) 믿음의 사람들은 음식에 얽매여 살지 않아야 합니다(행 10:9-16).

2) 음식은 우리를 하나님 앞에 세울 수 없습니다. 다만 덕을 세우는 일에 조심할 필요가 있습니다(고전 8:8-13).

3) 구원 받은 성도들을 거룩하게 하는 것은 말씀과 기도입니다(딤전 4:1-4).

청중 적용

사랑하는 여러분!

1. 아직도 음식에 대한 논쟁들이 끊임없이 계속되고 있습니다.

먹자니 꺼림직하고 안 먹자니 먹고 싶어 혼란을 겪는 신앙인들이 적지 않습니다. 심지어 어떤 사람들은 그리스도인들이 특정 음식을 먹는 것에 대하여 정죄하거나 비난하는 경우도 있습니다.

- 여러분들은 음식에 대하여 어떤 입장을 가지고 있습니까? 혹시 신앙을 이유로 어떤 음식을 구별하고 멀리하는 사람은 없습니까?
  - 여러분들은 음식에 대하여 어떤 입장을 가지고 있습니까? 혹시 신앙을 이유로 어떤 음식을 구별하고 멀리하는 사람은 없습니까?

- 예를 들어서 어떤 그리스도인들이 제사 음식을 먹을 때 이상하게 여기거나 정죄한 적은 없습니까? 여러분들이 친척 집을 방문했을 때 제사 음식을 제공 받는다면 어떻게 하시겠습니까?

2. 음식은 우리를 거룩하게 할 수 없습니다.

어떤 음식을 먹지 않았기에 내가 거룩에 참여했다는 논리는 성립되지 않습니다. 우리를 거룩하게 하는 것은 오직 예수 그리스도의 보혈입니다. 예수님만이 우리를 모든 죄에서 거룩하게 하십니다!

1) 믿음을 지키십시오!

구원받은 믿음으로 하나님께서 주신 자유와 즐거움을 누리십시오! 예수 그리스도 안에 있는 우리를 정죄할 수 있는 것은 아무것도 없습니다. 하나님께서 주신 모든 것을 감사함으로 받으면 버릴 것이 없습니다.

2) 믿음의 덕을 세우는 일은 그리스도인의 의무입니다.

우리 주변에 믿음이 연약한 자들이 적지 않습니다. 이들은 믿음이 바로 세워지지 않았기 때문에 보이는 대로 받아들입니다.

무엇이 옳은 것인지를 판단하는 믿음의 기준이 제대로 세워져 있지 않기 때문에 먼저 믿음의 분량을 가진 자들이 이들을 바로 이끌기 위해서 덕을 세우고 본이 되어 줄 책임이 있습니다. 덕은 자신과 타인을 위한 배려입니다.

3) 하나님의 영광을 위하여 먹고 마셔야 합니다.

하나님의 영광을 위해, 하나님의 얼굴을 무너뜨리지 않도록 믿음의 중심을 잃지 않고 먹고 마실 때 하나님께서 복을 주십니다.

청중 결단

복음을 위하여 음식을 나눕시다!

예수님을 전하기 위하여 음식을 나눌 때에 건강과 풍요의 복을 주십니다.

10

출산한 여인

산모에 대한 규례를 주신 것은 산모를 철저하게 보호하시려는 아버지의 마음입니다. 산모는 생명을 바쳐서 아이를 생산했습니다. 그러므로 하나님은 당신의 자녀를 이 땅에 태어나게 한 그 여인, 산모를 귀중히 여기고 보호하시려는 목적으로 일정기간 동안 사람들의 접근을 금하셨습니다.

레 12:1-8

여호와께서 모세에게 말씀하여 이르시되
이스라엘 자손에게 말하여 이르라 여인이 임신하여 남자를 낳으면 그는 이레 동안 부정하리니 곧 월경할 때와 같이 부정할 것이며
여덟째 날에는 그 아이의 포피를 벨 것이요
그 여인은 아직도 삼십삼 일을 지내야 산혈이 깨끗하리니 정결하게 되는 기한이 차기 전에는 성물을 만지지도 말며 성소에 들어가지도 말 것이며
여자를 낳으면 그는 두 이레 동안 부정하리니 월경할 때와 같을 것이며 산혈이 깨끗하게 됨은 육십육 일을 지내야 하리라
아들이나 딸이나 정결하게 되는 기한이 차면 그 여인은 번제를 위하여 일 년 된 어린 양을 가져가고 속죄제를 위하여 집비둘기 새끼나 산비둘기를 회막 문 제사장에게로 가져갈 것이요
제사장은 그것을 여호와 앞에 드려서 그 여인을 위하여 속죄할지니 그리하면 산혈이 깨끗하리라 이는 아들이나 딸을 생산한 여인에게 대한 규례니라
그 여인이 어린 양을 바치기에 힘이 미치지 못하면 산비둘기 두 마리나 집비둘기 새끼 두 마리를 가져다가 하나는 번제물로, 하나는 속죄제물로 삼을 것이요 제사장은 그를 위하여 속죄할지니 그가 정결하리라

출산(부정)

결혼한 가정에서 아이를 출산하는 것은 지극히 당연하고 정상적인 일입니다.
그런데 아이를 출산한 여인, 산모를 부정하다고 말씀하시고 일정한 기간 동안 외부인들과의 접촉을 차단시키고 제사도 금하신 것을 어떻게 생각해야 할까요?

설교를 이끄는 관점

아이를 생산한 여인이 어째서 부정합니까?
자녀를 낳은 산모, 어머니가 자식을 낳았다는 이유만으로 부정한 여인으로 취급되는 것은 합당한 처사가 아닙니다.

* 자녀를 낳는 것은 기쁨이고 가정의 행복입니다. 하지만 그 어머니는 자식을 낳은 기쁨보다는 부정한 자가 되어서 모든 것으로부터 차단되고 심지어 제사 드리는 일과 성물을 만지는 일까지 금했으니 얼마나 기막힌 일입니까?

* 산모에 대한 이런 말씀은 여인들에게 아이를 낳지 않으려는 생각을 가지게 함으로 심각한 결과를 초래할 수 있습니다.
* 더구나 남과 여, 아들과 딸에 대한 차별도 노골적입니다. 아들을 낳으면 40일, 딸을 낳으면 80일을 부정하게 취급하는 것은 엄연한 성차별입니다.
* 이런 말씀을 하시면 아들만을 선호하고 딸은 거부하고 못마땅하게 여기는 남존여비 사상을 조장하는 것입니다.
* 산모나 여자들은 하나님의 말씀이라 할지라도 무시당했다는 모욕적인 생각을 버리지 않을 수도 있습니다.

하나님은 왜 이런 차별을 말씀하셨을까요?

하나님의 목적으로 해결

하나님께서 이런 처방을 내리신 것은 분명한 이유가 있습니다. 하나님은 남자와 여자를 차별하시는 분이 아닙니다. 하나님은 남자와 여자를 동일한 인격으로 창조하셨습니다.
그러나 산모에 대한 규례에 담겨 있는 하나님의 심정을 살피지 못하면 차별하시는 것으로 오해할 수 있습니다.

산모에 대한 규례를 주신 것은 산모를 철저하게 보호하시려는 아버지의 마음입니다. 산모는 생명을 바쳐서 아이를 생산했습니다. 그러므로 하나님은 당신의 자녀를 이 땅에 태어나게 한 그 여인, 산모를 귀중히 여기고 보호하시려는 목적으로 일정기간 동안 사람들의 접근을 금하셨습니다.

1. 부정하다 하신 것은 이들을 보호하시려는 특단의 조치입니다.

산모는 자신의 생명을 내어주면서(피 흘림) 생명을 출산했습니다. 그러므로 이들은 아주 특별한 보호와 보살핌이 필요합니다. 그 첫 번째 조치가 외부인들과의 접촉을 차단해서 쉼을 갖게 하고 감염 등 여러 위험으로부터 보호하시려는 하나님의 배려입니다.

2. 여자 아이를 남자 아이보다 두 배나 더 긴 시간 외부와 차단시킨 것은 여자 아이가 어머니가 되어야 하기 때문에 더 긴 시간 보호하며 양육하라는 특별조치입니다.

3. 산모가 부정해서 정결제사를 속죄제로 드리게 하신 것이 아닙니다.

이는 산모가 일정 기간 동안 제사를 드리지 못했기에 속죄할 수 있는 시간을 갖고 정상적으로 활동할 수 있도록 배려하신 경우입니다. 이 경우 산모의 형편에 따라서 어느 것을 드려도 기쁘게 받으심으로 산모의 수고를 하나님께서도 인정하셨습니다.

4. 하나님이 여자를 이렇게 특별히 대해주셨는데 왜 인구조사에서는 여자의 수를 뺀 것일까요?

인구조사에서 여자의 숫자를 제외하신 것은 여인들은 남자들의 철저한 보호 속에 있는 자들이기 때문입니다. 남자는 어떤 순간에도 자신의 것은 물론 자기와 함께한 여인들의 몫을 자기 몫처럼 챙기고 살펴야 합니다.

하나님은 여자가 태어나는 순간부터 남자로부터 애정과 보호를 받게 하셨습니다. 그러므로 여자는 남자의 수에 합한 보호대상임을 한 번 더 강조하셨습니다.

청중 적용

사랑하는 여러분!

1. 우리 주변에도 보호하고 배려해야 할 대상들이 있습니다.

어린아이와 여인들입니다. 이들은 특별 보호 대상입니다.

하지만 요즈음 우리는 이런 사실과 너무도 거리가 먼 현실을 맞고 있습니다.

1) 세상이 달라졌다는 이유로 이런 사실을 인정하려고 하지 않습니다. 이들 스스로가 먼저 보호를 거부합니다. 여권신장, 여성권위 등을 이야기하며 스스로를 보호한다면서 하나님께서 보호하시는 울타리를 벗어나려고 합니다.

2) 어떤 이들은 자신의 목적을 이루기 위한 수단과 방법으로 여자들을 이용하려는 자들도 있습니다. 예를 들어, 어린아이 인신 매매, 유괴, 부녀자 학대, 비인격적 대우, 기타 등등….

3) 미개한 국가일수록 여자들을 개인적인 소유로 생각합니다. 어떤 나라는 여자아이들에게 배울 기회조차 박탈합니다. 사우디아라비아나 일부 무슬림들은 아직도 일부다처를 시행하고 있습니다. 이는 하나님이 말씀하신 본질에서 아주 많이 벗어난 죄악입니다.

2. 예수님은 늘 여인들과 약한 자들 곁에 계셨습니다.

어린아이를 업신여기는 이들을 꾸짖으셨습니다. 자녀문제로 부르짖는 어미와 아비의 부르짖음을 단 한 번도 외면하신 적이 없습니다.

1) 이들을 무시하고 차별하는 것은 하나님을 향한 범죄입니다.
예수님께서 거부하지 않으시고 차별하지 않으신 자들을 우리가 함부로 대하는 것은 하나님이 주신 권리를 무시하고 업신여기는 처사입니다.

2) 하나님은 여자를 창조하실 때 산모를 창조하셨습니다.
하나님께서 생명을 보내시는 방법이 산모입니다. 여인을 통해서 생명을 주셨습니다. 그러니 여성을 충분히 존중하고 인격적으로 대우해야 합니다.

3) 주님은 남자와 여자를 차별하시지 않습니다.
필요하시다면 하나님은 누구라도 사용하십니다.

청중 결단

아내와 자녀를 소중히 여겨야 합니다.
이것을 실천할 때 가정도 살고 신앙도 살 수 있습니다.
약한 자를 향하여 낮은 자세를 가지는 것이 진정한 강자입니다.

11

대속죄일

대속죄일이란, "덮는다"라는 의미입니다. 이날 아론과 백성들은 하나님께서 지시하신 절차대로 시행함으로 모든 죄에서 사함 받고 하나님과의 관계를 회복합니다.

레 16:1-34

아론은 회막에 들어가서 지성소에 들어갈 때에 입었던 세마포 옷을 벗어 거기 두고
거룩한 곳에서 물로 그의 몸을 씻고 자기 옷을 입고 나와서 자기의 번제와 백성의 번제를 드려 자기와 백성을 위하여 속죄하고
속죄제물의 기름을 제단에서 불사를 것이요
염소를 아사셀에게 보낸 자는 그의 옷을 빨고 물로 그의 몸을 씻은 후에 진영에 들어갈 것이며
속죄제 수송아지와 속죄제 염소의 피를 성소로 들여다가 속죄하였은즉 그 가죽과 고기와 똥을 밖으로 내다가 불사를 것이요
불사른 자는 그의 옷을 빨고 물로 그의 몸을 씻은 후에 진영에 들어갈지니라
너희는 영원히 이 규례를 지킬지니라 일곱째 달 곧 그 달 십일에 너희는 스스로 괴롭게 하고 아무 일도 하지 말되 본토인이든지 너희 중에 거류하는 거류민이든지 그리하라
이 날에 너희를 위하여 속죄하여 너희를 정결하게 하리니 너희의 모든 죄에서 너희가 여호와 앞에 정결하리라
이는 너희에게 안식일 중의 안식일인즉 너희는 스스로 괴롭게 할지니 영원히 지킬 규례라
기름 부음을 받고 위임되어 자기의 아버지를 대신하여 제사장의 직분을 행하는 제사장은 속죄하되 세마포 옷 곧 거룩한 옷을 입고
지성소를 속죄하며 회막과 제단을 속죄하고 또 제사장들과 백성의 회중을 위하여 속죄할지니
이는 너희가 영원히 지킬 규례라 이스라엘 자손의 모든 죄를 위하여 일 년에 한 번 속죄할 것이니라 아론이 여호와께서 모세에게 명령하신 대로 행하니라(23-34)

대속죄일

하나님께서 모세에게 온 백성들이 죄를 속죄받을 수 있는 대속죄일을 지정해 주셨습니다. 이 속죄일에 진행되는 모든 절차를 대제사장 아론 혼자서 진행하라고 선포하셨습니다.

1절을 보면, 아론의 두 아들이 여호와 앞에 나아가다 죽은 후에 여호와께서 모세에게 말씀하신 것이 레위기 16장에 대한 규례입니다(1).

레위기 16장은 레위기 10장과 연결하여 말씀하신 것으로, 핵심적인 것은 아론(대제사장)을 통하여 1년에 한 번 성소의 휘장 안, 법궤 위 속죄소 앞으로 나올 수 있는 기회를 주신다는 말씀입니다.

설교를 이끄는 관점

* 대속죄일이란 어떤 날일까요?
* 하나님은 왜 이런 특별한 시간을 주신 것입니까?
* 왜 모세가 아니라 아론, 즉 대제사장을 앞세우시는 것일까요?

* 이 날에 아론과 백성들을 위하여 여러 규례들을 말씀하셨는데 이런 규례나 절차들은 어떤 의미가 있을까요?
* 지금도 이런 날과 절차들이 시행되고 있습니까?
* 말씀 마무리에 보면 백성들은 모든 것을 중단하고 심히 괴로운 상태로 이날을 지켜야 한다고 하셨습니다. 백성들은 무엇 때문에 이날에 괴로워하는 것일까요?

하나님의 목적으로 해결

이날은 하나님께서 일 년 중 하루를 온 백성들의 죄를 속량해 주시려고 특별히 만드신 속죄시간입니다.

대속죄일이란, "덮는다"라는 의미입니다. 이날 아론과 백성들은 하나님께서 지시하신 절차대로 시행함으로 모든 죄에서 사함 받고 하나님과의 관계를 회복합니다.

1. 절차

1) 반드시 대제사장 혼자서 진행해야 합니다(3-5).
준비, 진행, 마침까지 혼자서 진행합니다. 그 누구의 도움도 받지 않습니다.

2) 속죄를 위한 큰 행사를 두 가지 치르게 됩니다.

① 아론은 자신과 집안 그리고 백성들의 죄를 속죄 받기 위해

수송아지와 염소를 잡아서 그 피를 휘장 안 속죄소 앞으로 가져다가 속죄소 위와 속죄소 앞에 피를 뿌리고 하나님의 속죄를 기다려야 합니다(11-17).

만일 하나님께서 백성들의 죄를 속량해주시지 않으실 경우 대제사장이 모든 죄를 덮어 쓰고 그 자리에서 죽습니다. 그러나 하나님이 백성들의 죄를 속량해 주실 경우에는 대제사장이 살아서 나오게 됩니다.

* 대제사장의 발목에 끈과 방울을 달아서 들어감.

② 아사셀 염소를 준비합니다.
아사셀은 "버린 바 되었다"는 뜻입니다.
하나님의 속죄가 이루어진 결과 대제사장이 살아서 회막문을 나오면 아사셀을 위하여 염소의 머리에 안수하여 백성들이 살던 온 지경을 다니게 합니다. 이때 백성들도 돌아다니는 아사셀을 보고 자신들의 죄를 덮어 씌웁니다. 이렇게 하루종일 시간을 보낸 후 해가 지면 아사셀을 광야에 버렸습니다(18-23).

③ 마침 제사를 드림으로 속죄일이 마무리 됩니다.
이때 대제사장이 손을 들고 축복합니다. 이것이 마무리입니다. 대속죄일은 회개로 시작해서 축복으로 마치게 됩니다.

3) 이 모든 절차가 진행되는 동안 백성들은 자신들의 죄를 살피고 자신들을 괴롭게 하며 하나님의 사죄 선언이 이루어질 때까지

회개하는 상태를 유지해야 합니다. 자신들의 죄를 구체적으로 찾아서 회개하는 시간이기에 괴로움의 시간입니다.

4) 이 속죄는 반복적입니다.
이 제사는 온전한 제사가 아닙니다. 짐승이 대신하여 속죄의 제물이 되었기에 매년 드려야 되는 불완전한 제사입니다. 죄인이 완전한 속죄를 받는 길은 하나뿐입니다. 죄 지은 당사자가 제물이 되면 됩니다. 하지만 그렇게 된다면 살아남을 자가 없기에 짐승을 대신 드림으로 속죄는 반복적으로 드릴 수밖에 없습니다.

5) 지금도 대속죄일을 지켜야 할까요?
아닙니다. 예수님께서 대속죄일에 하나님께서 요구하신 모든 것을 다 충족시켰습니다.
예수님은 자신을 십자가에서 제물로 드리심으로 하나님의 공의를 만족시키셨습니다. 그러므로 대속죄일은 다시 지키지 않아도 됩니다.

① 그분은 대제사장으로 이 땅에 오셨습니다(히 4:4-5:16)
② 그분은 홀로 모든 죄를 짊어지고 직접 대속제물이 되셨습니다.
③ 자신을 직접 제물로 드리심으로 더 이상 제사가 필요 없는 완전한 속죄를 이루셨습니다.
④ 그 증거로 성소의 휘장이 찢어짐으로 더 이상 제사가 필요 없음을 만인에게 공포하셨습니다(히 7:26, 9:12, 10:10-14, 10:18).

6) 모든 사람은 오직 예수님을 통해서만 속죄가 가능합니다.

예수님은 하나님께 나아가는 길이고, 용서받는 유일한 통로입니다(히 10:19-22, 요 14:6)

7) 예수님을 믿음으로 속죄와 동시에 구원에 이르게 됩니다.

하나님의 자녀가 되고 하나님의 거룩에 참여하는 복을 누립니다(히 10:35-39).

청중 적용

사랑하는 여러분!

1. 세상에 의인은 단 한 명도 없습니다.

모든 사람이 죄를 범하였고 멸망에 이르게 됩니다(롬 3:9-18, 23). 하지만 사람들은 자신이 죄인이라는 사실을 인정하려 하지 않습니다. 죄인이라는 말만 들어도 화를 내며 대적합니다.

* 부인해도, 인정하려 하지 않아도 소용없습니다.
  성경은 모든 자에게 심판이 있음을 경고하고 있습니다(히 9:27, 10:4).
* 심판의 자리에서 멸망의 자리, 지옥에 던져질 수 있습니다. 이유는 죄를 해결 받지 못했기 때문입니다. 누구도 예외가 없습니다. 만일 내가 죄를 해결 받지 못하고 지옥에 던져진다면 어떻게 하겠습니까?
* 지금은 구원 받을 때입니다.
  지옥의 고통에서 건짐 받을 수 있는 기회는 오늘입니다.

2. 예수님 외에는 구원의 길이 없습니다.

예수 없는 구원을 소망하는 자는 어리석은 자입니다. 오늘 예수님을 통하여 죄를 해결 받고 구원에 이르는 복을 누리시기 바랍니다.

1) 예수님은 나를 대신하여 속죄의 제물이 되어주셨습니다.

죄로 인하여 내가 사망에 던져져야 마땅한데 내 대신 내 죄를 담당하시려고 십자가 위에서 죽으셨습니다. 나에게 구원의 길을 열어주시려고 십자가를 지셨습니다.

- 예수님은 인간이 죄를 용서받고 하나님께 나아가는 유일한 통로입니다(요 14:6).
- 예수님 외에는 구원의 길이 없습니다(행 4:12).
- 누구든지 예수님만 믿으면 구원을 얻습니다(요 3:16, 행 16:31).

2) 이 시간 예수님을 구주로 영접하시고 구원을 받으십시오!

예수님을 영접하는 것은 입으로 시인하면 됩니다.

"나는 예수님께서 내 죄를 위하여 십자가를 지시고 죽으셨음을 믿습니다. 오늘 예수님을 나의 구주로 영접합니다. 내 모든 죄를 용서해주시고 구원에 이르는 복을 주시옵소서. 이 시간 이후로 예수님을 구주로 섬기며 믿음으로 살겠습니다. 예수님의 이름으로 구원 고백을 합니다. 아멘."

예수님을 믿고 입으로 시인하며 고백하는 자는 구원에 이른 자이며 지옥에서 천국으로 옮겨진 자입니다. 예수님을 믿는 자는 절대로 멸망(지옥)에 이르지 않습니다.

3) 이제는 하나님의 자녀로 당당하게 살아가십시오!

24시간 하나님께서 함께 하시며 무엇이든지 예수님의 이름으로 구하면 응답을 주시는 복을 누릴 수 있습니다.

청중 결단

예수님 중심의 삶을 살아가십시오!

하나님 자녀들에게 주신 예수님의 권세로 능력 있는 삶을 누리십시오!

1) 요 14:13-14 → 예수님의 이름으로 필요를 공급받으십시오!
2) 요 15:12 → 예수님께 받은 사랑을 말씀대로 나누십시오!

12

제물을 드리는 장소

여호와께서는 제물을 드리는 장소를 어기는 자에 대한 진노도 대단하십니다. 4절에, "자기 백성 중에서 끊어지리라"고 하셨습니다. 제물을 드리는 장소가 잘못된 자는 자신이 드렸던 제물처럼 죽어야 한다는 말씀입니다.

레 17:1-7

여호와께서 모세에게 말씀하여 이르시되
아론과 그의 아들들과 이스라엘의 모든 자손에게 말하여 그들에게 이르기를 여호와의 명령이 이러하시다 하라
이스라엘 집의 모든 사람이 소나 어린 양이나 염소를 진영 안에서 잡든지 진영 밖에서 잡든지
먼저 회막 문으로 끌고 가서 여호와의 성막 앞에서 여호와께 예물로 드리지 아니하는 자는 피 흘린 자로 여길 것이라 그가 피를 흘렸은즉 자기 백성 중에서 끊어지리라
그런즉 이스라엘 자손이 들에서 잡던 그들의 제물을 회막 문 여호와께로 끌고 가서 제사장에게 주어 화목제로 여호와께 드려야 할 것이요
제사장은 그 피를 회막 문 여호와의 제단에 뿌리고 그 기름을 불살라 여호와께 향기로운 냄새가 되게 할 것이라
그들은 전에 음란하게 섬기던 숫염소에게 다시 제사하지 말 것이니라 이는 그들이 대대로 지킬 영원한 규례니라

회막문(제물)

2절은 하나님께서 모세를 통하여 아론과 그의 아들들 그리고 이스라엘 모든 자손들에게 의도적으로 하신 말씀입니다.

"여호와의 명령이 이러하시다 하라"(2절)

말씀하시려는 핵심은 4절과 5절에 있습니다.
제물을 드리는 자는 그 제물을 회막문으로 끌고 가서 여호와의 성막 앞에서 제물을 드리라는 명령입니다. 제물을 드리는 장소를 말씀하셨습니다.

설교를 이끄는 관점

왜 갑자기 제물을 드리는 장소를 지정하셨을까요? 이미 제물을 드리는 제사장들이 여호와의 말씀대로 회막문 앞, 여호와의 성막 앞에서 드리고 있습니다.
그렇다면 지금까지 제물을 드렸던 장소에 문제라도 있는 것일까요? 말씀하시기 전 제물을 드리던 장소와 다시 말씀하시는 장소가 다르지 않습니다(3:2).

여호와께서는 제물을 드리는 장소를 어기는 자에 대한 진노도 대단하십니다. 4절에, "자기 백성 중에서 끊어지리라"고 하셨습니다. 제물을 드리는 장소가 잘못된 자는 자신이 드렸던 제물처럼 죽어야 한다는 말씀입니다.

왜 제물 드리는 장소를 고집하시는 것일까요?

하나님 목적으로 해결

주님이 이런 말씀을 반복하시는 것은 그것이 하나님과 우리 편에서 매우 중요한 의미를 지니고 있기 때문입니다. 하나님께서 제물 드리는 장소를 다시 언급하신 것은 7절 때문입니다.

> "그들은 전에 음란하게 섬기던 숫염소에게 다시 제사하지 말 것이니라 이는 그들이 대대로 지킬 영원한 규례니라"(7)

아직도 버리지 못한 그 백성들의 못된 습관, 악습을 버리라는 경고입니다.
하나님 외에 다른 곳에 제물을 드리지 말라는 경고입니다.
오직 하나님께만 바르게 제물을 드려야 함을 강조하셨습니다.

1. 백성들의 속셈을 아시는 하나님

숫염소는 풍요와 다산의 상징으로 당시 중근동에서 섬기던 중요한 우상 가운데 하나였습니다. 특이한 점은 숫염소에게 제물을 드리던 자들이 무절제한 음란 행위를 동반했다는 점입니다. 이는 하나님께서 가증하게 여기시는 죄악입니다.

하나님께서는 이들의 만행을 알고 계심을 천명하시며 당장 그만두지 않으면 생명을 거두신다고 극단적인 경고를 하셨습니다.

2. 제물을 드리는 목적은 화목입니다.

속죄를 위한 제물과 감사의 제물 등은 하나님을 기쁘시게 함으로 하나님과 화목하기 위한 예물입니다(5). 하나님께 드려야 할 제물이 우상과 음란한 행위를 위해서 쓰였다면 화목은커녕 진노의 대상이 될 수밖에 없습니다.

3. 모든 제물은 지정된 사람이 지정된 장소에서 바르게 드려야 합니다.

모든 제물은 제사장을 통해 하나님께서 지정하신 장소에서 말씀하신 절차대로 드려야 합니다. 제물을 드리는 자의 목적도 분명해야 합니다.

하나님께서 제물 드리는 장소를 지정하신 것은 하나님의 백성들이 신앙을 미끼로 다른 짓을 하지 말라는 경고입니다. 하나님께서 지정하신 곳 외에서 하나님을 빙자하여 나쁜 짓을 금하게 하시려는 의도입니다.

"화목제"를 강조하신 것은 제물의 역할이 무엇인지를 강조하신 부분입니다.

모든 제물을 드리는 목적은 하나님과 화목하기 위해서입니다. 그러나 절차를 무시한 제물은 하나님과 원수가 되게 합니다.

4. 반드시 하나님께서 지정해주신 예물을 드려야 합니다(6).

피를 드리고 그 기름을 불살라 드리라고 했습니다. 왜 이것을 드리라고 하시는지 이유를 대면 안 됩니다. 하나님께서 드리라고 하신 것을 아멘으로 드리면 기쁘게 받으시고 결과를 주십니다.

청중 적용

사랑하는 여러분!
1. 우리는 어떻게 예물을 드리고 있습니까?

많은 그리스도인들이 제물을 드리는 일에 시험을 겪습니다. 노골적으로 말하면 하나님께 드리는 문제가 불편하고 부담스럽습니다.

부담스럽지만 안 할 수는 없고, 적당히 드리자니 불편하고, 다른 사람의 시선도 무시할 수 없고, 그저 흉내만 내려는 자들이 많습니다.

이미 믿음을 가진 자도, 믿음을 결단하려는 자도 예물 때문에 불편을 호소하기는 마찬가지입니다. 그래서 제물을 드리지 않으려고 큰 교회 뒷자리를 전전긍긍하는 자들이 적지 않습니다.

이런 우리의 모습이 과연 하나님께서 받으실 만한 향기로운 제물입니까?

2. 바른 신앙, 바른 예물은 하나님이 받으시는 향기로운 예물이며 반드시 복으로 갚아주십니다.

하나님께서 예물을 드리라고 하시는 것은 우리의 소유를 빼앗거나 손해 보게 하려는 목적이 아닙니다. 그것을 통하여 더 많은 것을 주시려는 하나님의 계획입니다.

1) 예물(돈)보다 자신을 드려야 합니다.
모든 예물에 자신을 드리지 못하면 그 예물은 실패한 예물입니다. 자신을 드리려는 사람은 예물에 대하여 불편한 생각을 갖지 않습니다.

2) 바르게 드려야 약속된 결과를 받습니다.
드려야 할 것을 정당하게, 정직하게 지정하신 장소에 드리면 약속된 복을 반드시 주십니다!

3) 하나님은 우리 교회에서 드리는 모든 예물을 통하여 기뻐하시며 복을 주십니다.
교회는 하나님께 예물을 드리는 지정된 장소입니다. 교회 외에 사사로이 드리는 예물은 바른 예물이 아닙니다. 반드시 섬기는 교회에 드려야 합니다.

청중 결단

1) 다른 곳에 예물을 드리려는 유혹, 속셈을 청산합시다!
만약에 이런 일들이 진행되었다면 끊어 버립시다!

2) 드린 만큼 복을 받습니다.
가난할수록 하나님께 드려야 합니다.
어려울수록 연보해야 그 가난에서 벗어나게 하십니다.
헌금은 하나님을 기쁘시게 하고 나를 복되게 하는 제물입니다.

13

세상 풍속을 따르지 말라

성적 타락의 마지막 보루는 교회입니다. 교회가 막아야 합니다. 바른 교육, 바른 신앙을 가르쳐야 합니다.
성도들이 세상 풍속에 물들지 않도록 복음으로 그들을 채워야 합니다.

레 18:1-30

너는 여자와 동침함 같이 남자와 동침하지 말라 이는 가증한 일이니라
너는 짐승과 교합하여 자기를 더럽히지 말며 여자는 짐승 앞에 서서 그것과 교접하지 말라 이는 문란한 일이니라
너희는 이 모든 일로 스스로 더럽히지 말라 내가 너희 앞에서 쫓아내는 족속들이 이 모든 일로 말미암아 더러워졌고
그 땅도 더러워졌으므로 내가 그 악으로 말미암아 벌하고 그 땅도 스스로 그 주민을 토하여 내느니라
그러므로 너희 곧 너희의 동족이나 혹은 너희 중에 거류하는 거류민이나 내 규례와 내 법도를 지키고 이런 가증한 일의 하나라도 행하지 말라
너희가 전에 있던 그 땅 주민이 이 모든 가증한 일을 행하였고 그 땅도 더러워졌느니라
너희도 더럽히면 그 땅이 너희가 있기 전 주민을 토함 같이 너희를 토할까 하노라
이 가증한 모든 일을 행하는 자는 그 백성 중에서 끊어지리라
그러므로 너희는 내 명령을 지키고 너희가 들어가기 전에 행하던 가증한 풍속을 하나라도 따름으로 스스로 더럽히지 말라 나는 너희의 하나님 여호와이니라(22-30)

세상 풍속

하나님께서 모세에게 당부하시는 말씀입니다.

"너희는 너희가 거주하던 애굽 땅의 풍속을 따르지 말며 내가 너희를 인도할 가나안 땅의 풍속과 규례도 행하지 말고"(3절)

세상 풍속을 따르지 말라는 하나님의 염려와 걱정스러운 마음이 모세에게 전달되고 있습니다.

설교를 이끄는 관점

우리가 살다보면 그 지역의 문화, 특성, 그 지역만이 가지고 있는 독특한 환경에 적응하게 됩니다. 세상 풍속을 따르는 것은 자연스런 현상입니다. 어떤 의미에서는 세상 풍속을 지나치게 거부하면 주변 사람들과 관계가 깨집니다.

그 결과 고립되기도 하고 왕따가 되기도 합니다. 우리는 자연스럽게 주변 환경과 순리대로 살아가야 합니다.

그런데 하나님께서 백성들에게 세상 풍속, 즉 지역의 습관 혹은 문화를 거부하라니, 하나님의 백성들을 고립시키려는 생각이 아니시라면 이러시면 안 됩니다!

극단적인 표현을 빌리자면, 이런 하나님의 표현은 "울타리를 정하고 너희들끼리 똘똘 뭉쳐서 살아라"라는 말입니다.
우리가 이렇게 사는 것이 맞습니까! 이렇게 우리끼리만 하나되어 우리끼리 살면서 세상과 문을 닫고 산다면 주변 사람들이 우리를 어떻게 바라보겠습니까?

만일 우리가 세상 풍속을 따른다면 그 결과가 어떠할지도 미리 말씀하셨습니다(24-30).

* 이로 말미암아 스스로 더러워졌다(24).
* 그 땅도 더러워졌고 벌을 내리셔서 그 땅 스스로 그 주민을 토하여내게 하겠다 (25).
* 이 일은 가증한 일이니 행하지 말라(26)
* 이 모든 가증한 일을 함으로 그 땅도 더러워졌다(27).

그래서 28절에서 다시 "너희도 더럽히면 그 땅도 너희가 있기 전 주민을 토함 같이 너희를 토할까 하노라"고 경고하시고, 29절에서는 "이 가증한 모든 일을 행하는 자는 그 백성 중에서 끊어지리라"라고 극단적인 말씀도 하셨습니다.

* 이 가증한 일과 땅의 풍속, 가증한 풍속은 도대체 무엇일까요?

하나님의 목적으로 해결

주님이 말씀하시는 세상 풍속의 핵심은 성적 범죄입니다.

"각 사람은 자기의 살붙이를 가까이 하여 그의 하체를 범하지 말라 나는 여호와이니라"(6)

한마디로 땅에서 만연하게 자행되는 여러 종류의 성범죄를 버리라는 말씀입니다.

모든 종류의 성범죄는 자기가 자기 스스로를 더럽히는 일이며(24), 땅을 더럽히는 일이며(25), 하나님과 주변 사람들에게 버림당하는 죄악입니다(28-29).

1. 근친상간은 스스로를 더럽히는 일입니다(6-18).

골육지친(骨肉之親)을 가까이 하는 일은 가증한 일이며 더러워지는 일입니다. 가족의 질서를 파괴하는 무서운 범죄입니다. 하나님은 이러한 자에게 언약의 복을 절대로 내리지 않습니다.

그 중에 대표적인 경우가 창세기 49장의 르우벤입니다. 장자이며 탁월하지만 약속된 복을 누리지 못했습니다. 아버지의 여자를 범했기 때문입니다.

롯의 두 딸도 그렇습니다(창 19장). 다윗의 아들 암논과 다말의 문제(삼하 13:4)나 유다의 며느리 다말(창 37장)도 그렇습니다.

르우벤은 가나안 땅 가운데 들어가지 못했습니다. 가족의 질서를 파괴하는 것을 아주 큰 죄로 여기신다는 증거입니다.

현대 의학에서 밝혀낸 결과 근친상간은 유전자 변이를 일으켜서 기형아, 저능아, 장애아를 생산할 확률이 정상인에 비해서 거의 70%이상 높다고 합니다. 근친상간을 통해 아이가 태어나면 열 명 중 일곱 명이 비정상인으로 태어나는 불행을 겪습니다.

2. 문란한 성적 타락은 스스로 더럽히는 일입니다(19-23).

과도한 욕정으로 인한 비정상적인 성행위는 자기를 더럽히고 주변을 죄로 물들이는 죄악입니다. 특히 이방신을 섬기던 우상숭배자들이 행했던 성적 타락, 음행을 철저하게 미워하고 금하라 하셨습니다.

1) 무분별한 성적 욕구(19)
여인이 월경으로 불결한 동안에 가까이 하는 무분별한 성적 욕구를 금하라 하셨습니다.

2) 무절제한 성적 욕구(20)
아내 외에 이웃의 아내와 동침하여 설정하는 것은 무절제한 성적 욕구로 자기를 더럽히는 죄악입니다.

3) 자녀를 통해서 자기의 욕구를 채우려는 비이성적인 욕구(21)
자녀를 우상의 제물로 드려서 자기의 욕구를 채우려는 부모들의 비이성적인 욕구는 하나님의 진노대상입니다.

4) 동성 간의 욕구(22)
동성 간의 음행은 하나님의 질서를 파괴하고 세상을 더럽히는 무서운 죄악으로 유황불의 심판을 자초하는 행위입니다.

5) 짐승과 욕구를 채우는 행위(23)
정상적인 사고와 판단을 상실한 짐승과의 음행은 하나님의 형상을 더럽히는 진노의 대상입니다.

고대 근동에서는 수호신으로 여기던 동물들과 성관계를 갖는 일이 빈번했다고 합니다. 숫염소를 숭배하던 애굽의 "멘데스(Mendes)" 수호자들은 여자들이 숫염소와 관계를 가졌고, 로마에서는 개와 성행위를 했다고 합니다.

3. 성적타락과 범죄는 긍휼이 없는 심판과 진노가 임합니다.

하나님은 이들을 통해서 땅이 더럽혀지고 이 땅에서 하나님의 자녀들이 오염되는 것을 근심하셔서 땅과 주변을 황폐하게 버려두십니다. 또한 이들이 거주하는 환경에 염병과 천재지변과 알 수 없는 고통들이 떠나지 않게 하십니다. 이것이 하나님의 진노입니다.

청중 적용

사랑하는 여러분!
1. 하나님께서 성적타락과 진노 현장을 생생하게 보여주신 곳이 있습니다.

소돔과 고모라입니다(창 19:23-29). 성적 타락의 진노로 하나님은 소돔과 고모라에 유황불을 비처럼 내리셨습니다.

하나님께서 이들에게 이렇게 강한 진노를 부으신 것은 성적인 타락을 범하는 문란한 사람들에게는 이런 방법 외에는 처리가 불가능하기 때문입니다. 성적 타락은 진노 외에는 긍휼이 없습니다.

그래서 하나님께서는 이들을 고치는 것보다 청소를 선택하셨습니다. 성적 타락자들을 치유와 회복의 대상으로 여기지 않으셨습니다.

* 지금 우리 주변도 소돔과 고모라와 별로 다를 게 없습니다.
  - 도시 한복판에서 동성애자들이 옷을 벗고 축제를 벌이는 세상인데 인권을 이유로 그들을 방관하고 있습니다.
  - 반려견이라는 명칭을 부여하고 심지어 동물들과 결혼하는 자들도 여기저기서 등장하고 있습니다.
  - 성매매와 성적 학대 그리고 성폭력의 실태는 줄어들기는커녕 오히려 인터넷과 SNS를 통해서 날이 갈수록 그 세력들이 커져가고 있습니다.
  - 차별금지법이라는 법적 장치를 동원해서 오히려 이런저런 범죄들을 정당화 시키려는 세상입니다.

지금 여러분들은 어떻습니까?
여러분들은 이런 세상풍속들 속에서 바른 신앙을 지키고 있습니까!

2. 우리는 가증한 세상 풍속을 따르지 말아야 합니다.

세상을 비난하고 정죄하는 것은 누구나 할 수 있는 일입니다. 문제는 누군가는 믿음으로 바로 살려는 의지를 보여야 합니다.

소돔과 고모라가 하나님 보시기에 악했지만 롯이 신앙으로 바로 살려는 의지를 보였더라면 결과는 달라질 수 있었습니다.

1) 자신을 지키는 것이 중요합니다.

성범죄는 스스로 자기에게 범하는 죄입니다. 모든 성범죄는 그 죄가 몸 안에 있습니다. 자신을 믿음으로 다스리지 못하면 누구라도 타락할 수 있습니다. 서있다고 장담하지 말고 넘어질 수 있으니 믿음으로 자신을 지켜야 합니다.

2) 성범죄에서 탈출하는 방법은 철저하게 회개하고 죄의 현장을 떠나야 합니다.

성적 타락은 아주 철저하게 회개하지 않으면 다시 고개를 들고 일어납니다. 그리고 무엇보다 죄의 현장에서 자신을 탈출시켜야 합니다. 타락을 이끄는 자리에서 맴돌지 말고 완전히 떠나야 합니다.

3) 하나님은 회개하고 돌아오는 자에게 더 큰 은혜를 주십니다.

하나님은 우리의 모든 것을 지켜보고 계십니다. 우리의 결단을 기뻐하시며 복을 주십니다.

청중 결단

성적 타락의 마지막 보루는 교회입니다.
교회가 막아야 합니다. 바른 교육, 바른 신앙을 가르쳐야 합니다.
성도들이 세상 풍속에 물들지 않도록 복음으로 그들을 채워야 합니다.

14

거룩하라

하나님이 말씀하시는 거룩은 하나님처럼 되라는 말이 절대 아닙니다. 또한 아무것도 하지 말고 겉모양을 아주 경건한 사람처럼 포장하라는 말도 아닙니다. 여기서 말하는 거룩은 하나님 자녀다운 삶을 살라는 요구입니다.

레 19:1-4

여호와께서 모세에게 말씀하여 이르시되

너는 이스라엘 자손의 온 회중에게 말하여 이르라 너희는 거룩하라

이는 나 여호와 너희 하나님이 거룩함이니라

너희 각 사람은 부모를 경외하고 나의 안식일을 지키라 나는 너희의

하나님 여호와이니라

너희는 헛된 것들에게로 향하지 말며 너희를 위하여 신상들을 부어

만들지 말라 나는 너희의 하나님 여호와이니라

거룩

교회 안에서 가장 많이 쓰는 단어가 있다면 거룩입니다.
하나님께서 이스라엘 백성들에게 가장 먼저 요구하신 것도 거룩입니다.

설교를 이끄는 관점

하나님께서 모세와 그 백성들에게 단도직입적으로 요구하시는 사항을 말씀하셨습니다. 이것은 어떤 타협이나 이렇게 살아보자는 협의가 아닌 명령입니다.

"너희는 거룩하라!"(19:2)

거룩은 하나님의 속성 중 하나로 인간이 흉내도 낼 수 없는 아주 특별한 영역입니다. 우리가 어찌 하나님의 거룩을 흉내라도 낼 수 있겠습니까?
그런데 하나님께서 모세와 그의 백성들에게 거룩하라고 하십니다. 그렇다면 우리더러 하나님처럼 되라는 요구입니까?

우리는 절대로 하나님의 거룩을 이룰 수 없습니다.
그런데 왜 하나님께서 우리에게 하나님처럼 거룩하라고 하십니까?

여러분은 거룩하게 살고 있습니까?
여러분이 생각하는 거룩이란 무엇입니까?

하나님 목적으로 해결

하나님이 말씀하시는 거룩은 하나님처럼 되라는 말이 절대 아닙니다. 또한 아무것도 하지 말고 겉모양을 아주 경건한 사람처럼 포장하라는 말도 아닙니다.

여기서 말하는 거룩은 하나님 자녀다운 삶을 살라는 요구입니다. 하나님은 모세를 통하여 하나님을 섬기는 자의 거룩, 즉 구별된 삶이 무엇인지를 가르쳐주셨습니다.

그래서 하나님은 모세에게 세 가지 말씀을 주시면서 "이렇게 사는 자가 하나님의 자녀이고 하나님께서 거룩하게 여기시는 백성"이라고 말씀하십니다.

1. 네 부모를 공경하라(3)

하나님은 자기 백성들의 거룩한 삶의 첫 출발지점을 가정으로 삼으셨습니다. 여기서 "공경"이란 말은 부모를 부모답게 섬기라는 의미입니다. 함부로 업신여기지 말고 두려움의 상대로 섬기라는 의미입니다.

하나님은 자기 백성들이 부모를 함부로 대하는 것을 하나님을 함부로 대하는 것으로 여기시며 하나님의 거룩을 무시하는 행위로 여기셨습니다.

모세도 신 5:16절에 "너는 너희 하나님 여호와의 명한대로 네 부모를 공경하라 그리하면 너희 하나님 여호와가 네게 준 땅에서 네가 생명이 길고 복을 누리리라"고 당부함으로 부모공경이 이스라엘 자손들에게서 떠나지 않게 하셨습니다.

2. 안식일을 거룩하게 지켜라(3)

하나님께서 말씀하신 두 번째 거룩은 하나님의 날을 구별하는 삶입니다. 안식일은 세상의 날과 구별된 하나님을 위한 시간입니다. 안식일을 범하는 것은 하나님의 시간을 짓밟는 행위입니다. 하나님께서 구별하신 거룩한 시간을 헛되게 낭비하는 죄입니다.

창 2:3절에 "일곱째 날을 복 주사 거룩하게 하셨다"고 했습니다. 그러므로 안식일을 범하는 것은 하나님의 거룩을 훼손하고 무너뜨리는 범죄입니다. 안식일을 지킴으로 하나님의 거룩한 시간 안에서 하나님과의 만남을 통해 쉼과 치유 그리고 새 힘을 얻는 자들이 하나님의 거룩한 백성들입니다.

3. 하나님이 금하신 것들을 하지 말라(4)

하나님께서 말씀하신 세 번째 거룩은 하나님께서 금하신 것들을 멀리하는 삶입니다. 하나님께서 금하신 것들은 "헛된 것들에게 마음을 빼앗기지 말라"는 경고입니다.

그리고 하나님께서 말씀하신 헛된 것들의 정체는 "신상을 부어 만들지 말라", 즉 우상숭배를 멀리하라는 말씀입니다.

우리가 우상숭배를 멀리해야 되는 가장 중요한 이유는 "너희를 위하여", 즉 내가 우상 숭배로 인해 망하기 때문입니다. 우상숭배자들의 특징은 탐욕과 관계가 있습니다.

수단과 방법을 가리지 않고 자기욕심을 채우려는 헛된 마음이 우상에 빠지게 합니다. 이는 하나님의 거룩을 훼손하는 행위이며 스스로 망하는 행위입니다. 하나님의 구별된 자녀들은 헛된 것에 마음을 빼앗기면 안 됩니다.

청중 적용

사랑하는 여러분!

1. 우리는 나름대로 거룩한 신앙생활을 한다고 자부합니다.

기도하고 성경도 열심히 읽고, 주의 날에 하나님 앞에 적당한 헌신과 봉사도 하고 직분도 받았고, 그래서 이것을 종합해 보니 나도 신앙의 경륜을 갖고 있는 사람이고 누가 봐도 나는 신앙인이라고 자부합니다.

그렇다면 나를 알고 있는 가까운 사람들이 나를 향하여 무슨 말을 하고 있습니까? 혹시 내가 머물다 간 자리를 보면서 "저분은 그리스도인이다! 훌륭한 목사님, 장로님이다" 하면 문제가 없겠지만, 반면에 듣지 말아야 할 말을 듣는다면 거룩에서 이탈한 것이 아닐까요?

1) 나는 부모형제에게 어떤 말을 듣고 있습니까?
2) 나는 주일을 어떻게 지키고 있습니까?
3) 지금 나를 사로잡고 있는 것은 무엇입니까?

2. 하나님이 요구하시는 참된 거룩은 하나님의 자녀 된 삶입니다.

주님은 신앙생활의 연수나 직분, 이런 것들을 거룩이라고 말씀하신 적이 한 번도 없습니다. 하나님은 우리가 신앙인으로서 어떻게 살고 있는지를 살피고 계십니다.

1) 예수님은 거룩한 삶의 본을 보여주셨습니다.

예수님은 이 땅에 계시는 동안 부모 공경의 본을 보이셨습니다. 하나님의 아들이시라도 육신의 부모님을 함부로 대하신 적이 없으셨습니다.

안식일을 철저하게 지키셨으며 안식일이 하나님의 시간임을 선포하셨습니다. 안식일마다 하나님의 나라를 위하여 헌신하셨습니다.

예수님은 거룩의 모양만 있고 내용이 없는 자들을 꾸짖으셨고 그들을 본받지 말라고 경고하셨습니다.

2) 거룩은 모양이 아니라 삶입니다.

"하나님 아버지 앞에서 정결하고 더러움이 없는 경건은 곧 고아와 과부를 그 환난 중에 돌보고 또 자기를 지켜 세속에 물들지 아니하는 그것이니라"(약 1:27)

하나님의 사랑과 긍휼을 받은 대로 실천하며 나누는 자들이 하나님의 거룩하심을 따라 사는 자들입니다. 아멘 한대로 사는 삶이며 기도한 대로 사는 삶입니다.

3) 거룩한 주의 자녀들에게는 하나님의 능력이 함께 합니다.
하나님의 거룩하심을 따라 사는 자들에게는 하나님의 능력이 함께 하셔서 아무도 이길 수 없는 권세가 나타납니다.

청중 결단

실천적 신앙이 거룩입니다.
모양만 그리스도인이 아니라 휴지 한 장이라도 먼저 줍는 사람이 거룩한 주의 백성입니다.

15

어떻게
이런 일을…

끔찍한 방법으로 자식을 몰렉에게 드린 부모를 반드시 죽이라고 하신 것은 자식을 이용해 부모의 욕구를 채우려는 잔인한 죄악이 절대 반복되어서는 안 되기 때문입니다.

레 20:1-5

여호와께서 모세에게 말씀하여 이르시되
너는 이스라엘 자손에게 또 이르라 그가 이스라엘 자손이든지 이스라엘에 거류하는 거류민이든지 그의 자식을 몰렉에게 주면 반드시 죽이되 그 지방 사람이 돌로 칠 것이요
나도 그 사람에게 진노하여 그를 그의 백성 중에서 끊으리니 이는 그가 그의 자식을 몰렉에게 주어서 내 성소를 더럽히고 내 성호를 욕되게 하였음이라
그가 그의 자식을 몰렉에게 주는 것을 그 지방 사람이 못 본 체하고 그를 죽이지 아니하면
내가 그 사람과 그의 권속에게 진노하여 그와 그를 본받아 몰렉을 음란하게 섬기는 모든 사람을 그들의 백성 중에서 끊으리라

몰렉

가정은 이 땅에서 하나님이 복 주시는 터전입니다. 가정을 통하지 않고 이 땅에 온 자는 아무도 없습니다. 특별히 하나님은 부모들을 축복의 통로로 사용하셔서 건강한 가정과 사회를 이루게 하셨습니다.

그런데 오늘 본문 안에는 매우 끔직한 내용이 담겨져 있습니다. 하나님께서 모세에게 반드시 죽여야 할 부모가 있다고 말씀하셨기 때문입니다.

> "너는 이스라엘 자손에게 또 이르라 그가 이스라엘 자손이든지 이스라엘에 거류하는 거류민이든지 그의 자식을 몰렉에게 주면 반드시 죽이되 그 지방 사람이 돌로 칠 것이요"(2)

하나님께서 반드시 죽이라고 한 부모는 "몰렉에게 자식을 드린 자"입니다.

설교를 이끄는 관점

몰렉은 셈족이 섬기던 우상으로 몰렉, 몰록, 말콤이라고 부르기도 했습니다. 당시 이방족속들 중 몰렉신을 섬기는 자들이 자식을 제물로 드리는 일이 종종 있었습니다. 하지만 자식을 우상에게 드렸다 해서 그 부모를 돌로 쳐서 죽이라 하는 것은 너무 일방적이고 극단적인 말씀 아닐까요?

누구든지 자신의 의지로 종교나 신을 선택할 수 있습니다. 자신이 선택한 종교적 의지를 함부로 간섭하는 것은 월권입니다.

여러분의 생각은 어떻습니까?
만일 여러분의 형제나 가족 중에서 자기 자식을 이방신에게 드렸다고 해서 그를 돌로 쳐서 죽이라고 한다면 할 수 있겠습니까?
그냥 하지 말라고 경고하든지, 엄중한 처벌을 할 수도 있는데 왜 반드시 그를 죽이라고 하셨을까요?

하나님의 목적으로 해결

당시 몰렉 숭배자들은 신에게 자식을 드리는 것을 최고의 영광으로 알았습니다. 심지어 자신의 자식을 먼저 드리기 위해서 제사장에게 뇌물을 주는 부모도 있었다고 합니다.
몰렉에게 자식을 드리는 과정은 살아있는 자식을 불 가운데로 지나게 해서 태워 죽였습니다. 자식이 불에 타죽는 모습을 보면서 부모는 그것을 영광스럽게 여기며 즐거워했다고 합니다.

이들의 모습을 지켜보신 하나님께서 그 부모를 반드시 죽이라고 하셨습니다. 이런 끔찍한 방법으로 자식을 몰렉에게 드린 부모를 반드시 죽이라고 하신 것은 자식을 이용해 부모의 욕구를 채우려는 잔인한 죄악이 절대 반복되어서는 안 되기 때문입니다.

1. 이들은 몰렉에게 자녀를 드림으로 자신과 나머지 자식에게 행운이 온다고 믿었습니다.

이런 잘못된 생각 때문에 자녀를 희생 제물로 드리는 죄악이 이 방족속은 물론 이스라엘 민족 중에도 시행되었습니다.

> "또 네가 나를 위하여 낳은 네 자녀를 그들에게 데리고 가서 드려 제물로 삼아 불 살랐느니라 네가 네 음행을 작은 일로 여겨서 나의 자녀들을 죽여 우상에게 넘겨 불 가운데로 지나가게 하였느냐 네가 어렸을 때에 벌거벗은 몸이었으며 피투성이가 되어서 발짓하던 것을 기억하지 아니하고 네가 모든 가증한 일과 음란을 행하였느니라"(겔 16:20-22)

하나님께서는 이 일을 가증하게 여기시며 진노하셨습니다.

2. 자녀는 부모의 욕구를 채우는 수단이 아닙니다.

하나님께서 자녀를 주신 것은 가정을 통하여 하나님의 계획을 이루시려는 목적이 있기 때문입니다. 부모가 자식을 자기의 욕구대로 희생시키는 것은 하나님의 계획을 무시하고 도전하는 일입니다. 부모는 자녀를 자신의 소유물처럼 여기거나 자신의 욕망을 실현하는 도구처럼 여겨서는 안 됩니다.

3. 몰렉에게 자식을 드리는 자는 반드시 죽이라 하셨습니다.

몰렉에게 자식을 드리는 광경을 보았거나 그런 사실을 알고도 그 부모를 죽이지 않으면(4) 하나님께서 직접 그 사람과 그 족속에게 진노하셔서 그뿐만 아니라 그를 본 받아 몰렉을 음란하게 섬기는 모든 사람을 그 백성 중에서 끊으리라고 하셨습니다(5).

이렇게까지 하시는 것은 이런 일이 절대 일어나서는 안 된다는 강력한 하나님의 심정입니다. 우상숭배만으로도 진노의 대상인데 하나님께서 선물로 주신 자식을 살아있는 채로 불태워 죽였으니 하나님께서 절대 가만두지 않겠다는 강력한 메시지입니다.

청중 적용

사랑하는 여러분!

1. 우리 안에도 자식에 대한 잘못된 생각을 가진 부모들이 적지 않습니다.

경우가 다르고 정도의 차이는 있지만 자식을 통하여 부모들의 욕망을 채우려는 생각은 오늘도 여전합니다.

이런 부모들은 자녀들에게 이런 생각을 강요합니다.
- 너는 특별하다.
- 너는 반드시 OOO이 되어야 한다.
- 너가 OOO가 되지 않으면 나는 살 수 없다. 무슨 수를 써서라도 내가 되게 할 것이다.

자신의 욕구를 채우기 위해서 몰렉에게 자식을 드린 부모들과 무엇이 다릅니까?

지금 우리는 자녀를 향하여 어떤 생각을 가지고 있습니까!
- 부모의 기대에 미치지 못해서 극단적인 선택을 하는 자녀들이 해마다 수십 명이나 됩니다. 이런 결과를 보면서도 자식에 대한 욕구를 버리지 못한다면 제대로 된 부모라고 할 수 있겠습니까?

2. 하나님의 뜻(계획)을 이루어 드리는 부모가 되어야 합니다.

우리 가정에 자녀들을 보내신 이유가 있습니다. 내 자녀를 향한 하나님의 뜻을 찾는 것이 우선 되어야 자녀의 미래가 열립니다.

1) 하나님의 자녀라는 생각을 먼저 가지십시오!

하나님의 계획 안에 있는 하나님의 특별한 자녀임을 믿고 받아들이십시오! 먼저 하나님의 뜻을 찾기 위해서 하나님의 심정으로 자녀를 양육해야 합니다. 하나님의 뜻을 찾기 위해서 끊임없이 자녀를 위하여 기도해야 합니다.

하나님의 뜻에 어긋나지 않도록 말씀으로 가르치고 말씀 안에서 양육해야 합니다.

2) 소유의식을 버리십시오!

소유의식은 내 자식이기에 내 맘대로 해도 된다는 이기주의입니다. 부모들의 소유의식은 자녀들을 보내신 하나님의 목적을 파괴하고 자녀를 세속적으로 만드는 오류를 범할 수 있습니다. 부모들의 소유의식은 자녀의 인성과 인격 그리고 은사들을 무너뜨릴 수도 있습니다. 부모의 소유욕대로 성공해서 진정한 행복을 누리는 자녀들이 얼마나 될까요?

3) 부모가 변해야 자녀가 변합니다.
특별히 신앙의 부모들은 자녀들 앞에서 올바른 신앙 인격과 삶으로 자녀들의 내일을 열어야 합니다.

청중 결단

자녀와 함께 예배하십시오!
하나님을 보여주는 부모, 부모의 하나님을 섬기며 자라나는 자녀가 되게 합시다!

16
여호와의 절기

절기란 한마디로 축제의 날입니다. 그날은 여호와께서 어떤 일을 하셨는지 되새기며 여호와를 즐거워하는 날입니다. 한마디로 하나님께 감사를 잊지 않게 하신 날이 절기입니다. 또한 절기를 일회적으로 끝내시지 않고 매년 반복되게 하심으로 하나님을 잊지 않게 하시려는 하나님의 심정을 이날에 담으셨습니다.

레 23:1-44

여호와께서 모세에게 말씀하여 이르시되
이스라엘 자손에게 말하여 이르라 이것이 나의 절기들이니 너희가 성회로 공포할 여호와의 절기들이니라
엿새 동안은 일할 것이요 일곱째 날은 쉴 안식일이니 성회의 날이라 너희는 아무 일도 하지 말라 이는 너희가 거주하는 각처에서 지킬 여호와의 안식일이니라
이것이 너희가 그 정한 때에 성회로 공포할 여호와의 절기들이니라
첫째 달 열나흗날 저녁은 여호와의 유월절이요
이 달 열닷샛날은 여호와의 무교절이니 이레 동안 너희는 무교병을 먹을 것이요
그 첫 날에는 너희가 성회로 모이고 아무 노동도 하지 말지며
너희는 이레 동안 여호와께 화제를 드릴 것이요 일곱째 날에도 성회로 모이고 아무 노동도 하지 말지니라
여호와께서 모세에게 말씀하여 이르시되
이스라엘 자손에게 말하여 이르라 너희는 내가 너희에게 주는 땅에 들어가서 너희의 곡물을 거둘 때에 너희의 곡물의 첫 이삭 한 단을 제사장에게로 가져갈 것이요
제사장은 너희를 위하여 그 단을 여호와 앞에 기쁘게 받으심이 되도록 흔들되 안식일 이튿날에 흔들 것이며
너희가 그 단을 흔드는 날에 일 년 되고 흠 없는 숫양을 여호와께 번제로 드리고
그 소제로는 기름 섞은 고운 가루 십분의 이 에바를 여호와께 드려 화제로 삼아 향기로운 냄새가 되게 하고 전제로는 포도주 사분의 일 힌을 쓸 것이며
너희는 너희 하나님께 예물을 가져오는 그 날까지 떡이든지 볶은 곡식이든지 생 이삭이든지 먹지 말지니 이는 너희가 거주하는 각처에서 대대로 지킬 영원한 규례니라(1-14)

절기

신앙생활 하다보면 불편한 일들이 하나 둘이 아닙니다. 사람과의 관계도 쉽지 않고, 특히 경제적인 부분을 힘들게 여기는 분들이 많습니다. 오늘 본문도 하나님을 섬기는 일에 부담스런 말씀입니다.

> "이스라엘 자손에게 말하여 이르라 이것이 나의 절기들이니 너희가 성회로 공포할 여호와의 절기들이니라"(2)

설교를 이끄는 관점

절기란 어떤 의미를 가진 날인가요?
왜 하나님께서는 절기들을 만드시고 이날을 구별하여 지키라고 하셨을까요? 절기를 지킬 때에는 "아무 일도 하지 말라, 아무 노동도 하지 말라"고 하셨습니다.
왜 절기를 지키기 위해서 하던 일들을 멈추어야 할까요?

좀 더 불편한 부분이 있습니다.

"이것들은 여호와의 절기라 너희는 공포하여 성회를 열고 여호와께 화제를 드릴지니 번제와 소제와 희생제물과 전제를 각각 그 날에 드릴지니 이는 여호와의 안식일 외에, 너희의 헌물 외에, 너희의 모든 서원제물 외에 또 너희의 모든 자원제물 외에 너희가 여호와께 드리는 것이니라"(37-38)

절기를 지키기 위해서 별도의 제물을 드려야 한다는 말씀입니다. 평소 지키던 안식일에도 제물을 드려야 하고, 모든 제사마다 제물을 드려야 합니다. 그리고 절기에는 더 제물을 드리라는 요구입니다.
절기가 돌아오는 것이 백성들에게 어떤 심정이었겠습니까?
소유가 넉넉한 자는 몰라도 형편이 그렇지 않은 자들은 절기가 심히 고통스런 날이었을 것입니다. 이런 부담스런 절기를 지키라고 하신 이유가 무엇일까요?

하나님의 목적으로 해결

절기란 한마디로 축제의 날입니다. 그날은 여호와께서 어떤 일을 하셨는지 되새기며 여호와를 즐거워하는 날입니다. 한마디로 하나님께 감사를 잊지 않게 하신 날이 절기입니다. 또한 절기를 일회적으로 끝내시지 않고 매년 반복되게 하심으로 하나님을 잊지 않게 하시려는 하나님의 심정을 이날에 담으셨습니다. 절기는 감사하는 날이며 앞으로 주실 감사를 받는 날입니다.

1. 안식일(1-3)

엿새 동안 베푸신 은혜를 기억하며 일곱째 날을 여호와께 드리는 날입니다. 아무 일도 하지 않고 각처에서 가정과 지역 단위로 지킵니다. 안식일은 한 주간 베푸신 은혜에 대한 감사의 날이며 또 한 주간 받을 감사를 시작하는 날입니다.

2. 유월절/무교절(4-8)

애굽의 종살이에서 해방된 것을 기념하는 가장 중요한 절기로 출애굽기 12-13장에 자세히 기록되어 있습니다. 이레 동안 무교병을 먹으며 첫날과 마지막 날 성회로 모이기 위해서 노동을 금하셨습니다. 구원의 감사를 드리는 날입니다.

3. 첫 이삭을 드리는 초실절(9-14)

곡물의 첫 이삭 한 단을 안식일 다음 날에 제물과 함께 드리는 절기입니다. 첫 것에 대한 감사를 통해서 앞으로 주실 풍성한 은혜를 바라보게 하셨습니다.

4. 칠칠절/오순절(15-21)

일곱 안식일을 지난 다음날에(50일째) 하나님께 새 소제를 드리며 지켰습니다. 일곱 안식일을 지나서 지켰기에 칠칠절이라 부르기도 했으며 칠칠절은 밀 수확에 대한 감사의 절기로 지키라고 하셨습니다(출 34:22).

5. 나팔절(23-25)

일곱째 달 첫 날, 쉬면서 하나님께 화제를 드리는 날입니다. 특별히 이날은 나팔을 불어서 기념했기에 나팔절이라고 부릅니다. 새해의 첫 날, 새로운 시작을 여호와께 드림으로 남은 시간도 이끌어 주심을 기대했습니다.

6. 속죄일(26-32)

일 년에 한 번 대속죄일을 지킵니다. 하나님께 나아가 모든 백성들의 모든 죄를 용서받는 날입니다. 용서받을 기회를 주셔서 복 주시려는 절기의 축제입니다. 레위기에 대속죄일이 두 번 나오는데, 레 16장은 제사장 중심으로, 레 23장은 백성들 중심으로 기록되어 있습니다.

7. 추수감사절/수장절(33-44)

가장 큰 축제로 곡식을 거두어 저장함으로 지키는 감사절기입니다. 7일간 초막에 머무는 특별한 절기라서 초막절이라고도 부릅니다. 감사와 화목이 중심이 되는 절기입니다. 하나님께 감사, 주변에도 감사하는 감사제입니다.

그러므로 추수 감사제에 꼭 실천해야 하는 것은 나눔과 화목입니다. 가난한 자, 수확을 많이 못한 자들의 삶을 살피는 절기입니다.

8. 레 23:37-38절에 '…외에'

일반적인 제물(안식일, 자원제물, 서원제물)과 절기 예물이 겹치면 안식일 제물과 절기 예물을 구별해 더 드려야 한다고 했습니다. 한 마디로 절기 예물은 일반 예물보다 더 구별하여 드려야 합니다.

청중 적용

사랑하는 여러분!

1. 우리 가운데 절기 지키는 일에 불편을 드러내며 의문점을 제기하는 사람이 종종 있습니다. 문제는 모든 절기를 지키는 것이 부담스럽기 때문입니다.

1) 절기에 대한 잘못된 생각 때문입니다.
구약에서 지키던 절기를 지금도 지켜야 하는지에 대한 불편한 생각입니다.

2) 절기에 대한 이해 부족 때문입니다.
왜 절기를 지키라 하셨는지 절기를 통해서 하나님께서 주시는 결과가 무엇인지를 모르기 때문입니다.

3) 절기에 드려야 하는 헌금 때문입니다.
거의 모든 성도들이 절기가 돌아오면 헌금에 대한 부담을 호소합니다. 헌금만 없다면 절기를 힘들어할 이유가 없습니다. 매 주일 연보에, 감사헌금, 이런저런 특별헌금에 절기헌금까지 해야 한다니, 직분이 있든 없든 모든 성도들이 부담되는 것은 사실입니다.
  - 지금도 절기를 지켜야 하나요?
  - 헌금 없는 절기는 지킬 수 없나요?

2. 예수님께서도 절기를 지키셨습니다.

예수님은 어려서부터 모든 절기에 참여하셨습니다. 절기에 참여하셨다는 것은 빈손으로 가신 것이 아니라 그에 합당한 예물을 들고 가셨다는 의미입니다.

그리고 공생애 기간 중에 절기를 폐하라는 말씀을 하신 적이 없습니다. 그러므로 누구도 절기 문제를 거론해서는 안 됩니다.

1) 감사하는 마음을 가지십시오!

절기를 거부하고 불편하게 여기는 것은 감사가 사라졌기 때문입니다. 받은 은혜에 대한 감사가 없어지면 하나님에 대한 보답의 심정도 사라지게 됩니다. 절기를 불편하게 여기는 것은 감사를 잃어버린 이기심 때문입니다. 주신 은혜, 받은 은혜를 아는 자는 어떤 것을 요구하셔도 결단코 불평하지 않습니다.

2) 받은 만큼 감사로 나아가십시오!

절기에 제물을 요구하신 것은 받은 만큼 감사하라는 명령입니다. 하나님께서 주신 은혜를 모른척한다면 어찌 하나님의 자녀일 수 있겠습니까! 부담스럽고 불편하게 여길 것이 아니라 먼저 받은 은혜를 헤아려 보십시오. 받은 은혜를 알고도 감사하지 않을 수 있다면 그리하셔도 됩니다.

3) 절기가 지켜지는 동안 은혜와 복도 지속됩니다.

하나님은 베푸신 은혜를 잊지 않고 감사하는 자에게 반드시 더 큰 은혜와 복으로 채워주십니다.

청중 결단

절기를 복 받는 날로 여깁시다! 절기가 나를 지금보다 더 큰 복의 자리로 이끄는 통로가 되게 합시다!

17

여호와 앞에서 안식하게 하라

안식년과 희년을 명령하신 것은 모두를 회복시키시려는 하나님의 크신 사랑 때문입니다.
또한 희년에 모든 것을 제 위치로 돌리심으로 하나님과의 관계뿐 아니라 모든 사람들과의 관계를 회복시키고 더 큰 복으로 채워주시려는 하나님의 사랑과 긍휼입니다. 결국 모두를 잘 살게 하시려는 목적입니다.

레 25:1-55

또 너희 중에 거류하는 동거인들의 자녀 중에서도 너희가 사올 수 있고 또 그들이 너희와 함께 있어서 너희 땅에서 가정을 이룬 자들 중에서도 그리 할 수 있은즉 그들이 너희의 소유가 될지니라
너희는 그들을 너희 후손에게 기업으로 주어 소유가 되게 할 것이라 이방인 중에서는 너희가 영원한 종을 삼으려니와 너희 동족 이스라엘 자손은 너희가 피차 엄하게 부리지 말지니라
만일 너와 함께 있는 거류민이나 동거인은 부유하게 되고 그와 함께 있는 네 형제는 가난하게 되므로 그가 너와 함께 있는 거류민이나 동거인 또는 거류민의 가족의 후손에게 팔리면
그가 팔린 후에 그에게는 속량 받을 권리가 있나니 그의 형제 중 하나가 그를 속량하거나
또는 그의 삼촌이나 그의 삼촌의 아들이 그를 속량하거나 그의 가족 중 그의 살붙이 중에서 그를 속량할 것이요 그가 부유하게 되면 스스로 속량하되
자기 몸이 팔린 해로부터 희년까지를 그 산 자와 계산하여 그 연수를 따라서 그 몸의 값을 정할 때에 그 사람을 섬긴 날을 그 사람에게 고용된 날로 여길 것이라
만일 남은 해가 많으면 그 연수대로 팔린 값에서 속량하는 값을 그 사람에게 도로 주고
만일 희년까지 남은 해가 적으면 그 사람과 계산하여 그 연수대로 속량하는 그 값을 그에게 도로 줄지며
주인은 그를 매년의 삯꾼과 같이 여기고 네 목전에서 엄하게 부리지 말지니라
그가 이같이 속량되지 못하면 희년에 이르러는 그와 그의 자녀가 자유하리니
이스라엘 자손은 나의 종들이 됨이라 그들은 내가 애굽 땅에서 인도하여 낸 내 종이요 나는 너희의 하나님 여호와이니라(45-55)

안식

타락한 인간은 수고와 땀을 통해서 삶을 이어갈 수밖에 없는 존재입니다. 그 누구도 땀을 흘리지 않으면 살 수 없습니다.

시내산에서 하나님은 모세에게 말씀하십니다.

"이스라엘 자손에게 말하여 이르라 너희는 내가 너희에게 주는 땅에 들어간 후에 그 땅으로 여호와 앞에 안식하게 하라"(2)

그리고 다음과 같이 말씀하십니다.

"일곱째 해에는 그 땅이 쉬어 안식하게 할지니 여호와에 대한 안식이라"(4)

안식 즉 모든 것을 쉬라는 말씀을 하셨습니다. 레 25장은 1-7절 안식년과 8-12절 희년에 대한 말씀입니다.

설교를 이끄는 관점

왜 모든 것을 쉬라는 말씀을 하실까요?

말씀대로 육년 동안 밭이나 나무에서 소출을 거두고 일곱 째 해에 아무것도 하지 않고 그냥 둔다면 그 해는 무엇을 먹고 살라는 말인가요?

농경사회는 한 해라도 더 농사를 지어야 굶주림을 해결할 수 있습니다. 아무것도 하지 않으면 누가 먹을 것을 해결하란 말입니까?

희년도 말씀했습니다. 일곱 안식년을 계수해서 다음해인 50년째 되는 해가 희년입니다. 희년에는 안식년처럼 아무것도 하지 않는 것은 물론이고, 노예 된 사람도 풀어주고 빼앗은 땅이나 빚 대신 담보한 모든 것들도 무조건 돌려주라고 하셨습니다.

생각해보십시오!
탕감 받는 채무자는 신이 날지 모르지만 채권자는 돈을 못 받고, 땅도 돌려주고, 노예도 풀어주면 그 많은 손실은 누가 보상한단 말입니까?

공평하지 못한 말씀이라고 생각하지 않습니까?
여러분이 채권자라면 그대로 따르시겠습니까?
왜 이런 안식년과 희년을 강제로 시행하시려는 것일까요?

하나님 관점으로 해결

안식년과 희년을 명령하신 것은 모두를 회복시키시려는 하나님의 크신 사랑 때문입니다.

하나님은 우주와 만물을 만드신 창조주이십니다. 모든 만물의 사용 설명서는 하나님께 있습니다. 하나님께서 말씀하신 대로 땅을 사용하면 더 큰 복을 누리게 됩니다.

또한 희년에 모든 것을 제 위치로 돌리심으로 하나님과의 관계뿐 아니라 모든 사람들과의 관계를 회복시키고 더 큰 복으로 채워주시려는 하나님의 사랑과 긍휼입니다. 결국 모두를 잘 살게 하시려는 목적입니다.

1. 안식년과 희년은 하나님께서 창조하신 이 땅을 더 기름지게 합니다.

육년을 농사하고 한 해를 쉬는 동안 모든 땅은 더 많은 것을 생산하기 위한 준비를 하게 됩니다. 더 많은 영양분과 거름들을 저장해서 다음해에 더 기름지고 풍성한 소출을 낼 수 있도록 쉬게 하셨습니다. 결국 쉬는 것이 앞으로 육년을 더 풍성한 결실을 얻는 밑거름이 되게 하셨습니다.

2. 약자들을 생각하셔서 가난이 대물림 되지 않고 삶의 희망을 갖게 하셨습니다.

인간은 희망을 먹고 살아갑니다. 어떤 이유였던 빚을 감당할 수 없어서 내일의 희망이 끊어진 자들에게 희년을 통해서 가난이 대물림되지 않고 물질로 무너진 주변사람들과의 관계까지 회복하도록 은혜를 베푸셨습니다.

결국 이스라엘 백성들은 이런 시간을 통해서 사랑과 긍휼을 베푸신 하나님과 더욱 친밀해지는 기회가 되어 영적 회복까지 이룰 수 있었습니다. 희년의 기쁨을 일 년 내내 품고서 하나님을 경외했으니 영성 회복과 삶의 회복 모두를 누리게 되었습니다.

3. 안식년과 희년을 지키는 자에게는 부족함이 없는 복을 주셨습니다(18-22).

안식년 전 해, 즉 육 년째 해에는 평소보다 더한 복을 주셔서 소출이 삼년 동안 쓰기에 족할 만큼 부어주셨습니다(18-20).

하나님의 말씀대로 실천하는 자에게는 절대로 굶주리거나 불안한 삶을 살지 않도록 미리미리 은혜를 주셨습니다.

일 년을 쉬면서 더 풍성한 꼴로 먹고 마시는 복을 누가 거절하겠습니까!

하나님께서는 땅이 없거나 소유를 저장할 수 없는 약자와 짐승들까지도 안식년과 희년에 걱정 없도록 배려하셨음을 잊지 말아야 합니다(6-7).

4. 안식년과 희년은 육신의 노동을 중단하면서 먹이고 입히시는 하나님께 더 철저히 나아가는 신앙 축복의 시간입니다.

쉼의 시간을 통하여 그 동안 육신의 일 때문에 게을리 했던 하나님 섬기는 삶을 회복하며 하나님께 더 가까이 나아가야 합니다.

이 시간은 하나님을 먹고 마시며 하나님의 일에 전념하는 시간입니다.

청중 적용

사랑하는 여러분!

1. 현대사회를 스트레스(Stress) 사회라고 합니다.

대인 관계에서 오는 스트레스라는 말은 과도한 업무나 어려움으로 인해서 나타나는 육체적, 정신적 과로 상태를 말합니다. 한마디로 쉬지 못해서, 여유가 없어서 일어나는 육체적, 정신적 질병입니다.

- 직장 스트레스
- 가사 스트레스
- 공부 스트레스
- 심리적, 정신적 스트레스
- 육체적, 질병으로 인한 스트레스
- 소음 스트레스, 습관 스트레스

말로 다 표현할 수 없는 스트레스 세상입니다. 이러한 스트레스는 정신적, 육체적 건강을 파괴하며 주변과의 관계를 어렵게 합니다.

지금 당신의 삶은 지쳐있지 않습니까?

2. 안식은 우리를 살리시려는 하나님의 회복 처방입니다. 안식이 없이는 사람도 자연도 고장날 수밖에 없습니다.

1) 안식은 나를 살리시려는 처방입니다.

안식일, 주일을 지키는 것은 나를 회복시키시려는 하나님의 사랑과 긍휼입니다. 하지만 많은 사람들은 "쉼"을 거꾸로 오해합니다. 자신의 사업이나 돈벌이를 간섭하고 재제하려는 것으로 알고 불편하게 생각합니다. 안식은 나와 내 주변을 회복시키려는 총체적인 회복임을 명심해야 합니다.

2) 안식은 다른 사람을 배려하고 섬기는 시간입니다.
내가 쉬는 동안 누군가도 나 때문에 안식을 누릴 수 있는 기회를 얻습니다. 내가 안식하지 못하면 누군가도 쉴 수 없을지도 모릅니다.

3) 안식은 하나님께 집중하는 시간입니다.
세상 것들로부터 벗어나 안식의 시간, 하나님께 집중하는 시간을 가짐으로 하나님의 뜻을 찾아야 합니다. 이는 하나님의 뜻을 헤아려 더 큰 복으로 나아가는 기회입니다.
결국 쉼은 이전의 복과 이후의 복으로 연결하는 통로입니다. 쉼을 실천하는 자가 더 큰 복의 주인공이 됩니다.

청중 결단

레 25:55-26:2절을 지켜야 합니다.
제물이 우상이 된다면 안식은 실천하기 힘들게 되고 결국 소망과 희망도 사라집니다.

18
서원

하나님은 자비롭고 긍휼하십니다. 인간의 무능과 연약함을 너무도 잘 아시고 살피시는 분이십니다. 서원은 반드시 지켜야 할 약속입니다.

레 27:1-34

여호와께서 모세에게 말씀하여 이르시되
이스라엘 자손에게 말하여 이르라 만일 어떤 사람이 사람의 값을 여호와께 드리기로 분명히 서원하였으면 너는 그 값을 정할지니
네가 정한 값은 스무 살로부터 예순 살까지는 남자면 성소의 세겔로 은 오십 세겔로 하고
여자면 그 값을 삼십 세겔로 하며
다섯 살로부터 스무 살까지는 남자면 그 값을 이십 세겔로 하고 여자면 열 세겔로 하며
일 개월로부터 다섯 살까지는 남자면 그 값을 은 다섯 세겔로 하고 여자면 그 값을 은 삼 세겔로 하며
예순 살 이상은 남자면 그 값을 십오 세겔로 하고 여자는 열 세겔로 하라
그러나 서원자가 가난하여 네가 정한 값을 감당하지 못하겠으면 그를 제사장 앞으로 데리고 갈 것이요 제사장은 그 값을 정하되 그 서원자의 형편대로 값을 정할지니라
사람이 서원하는 예물로 여호와께 드리는 것이 가축이면 여호와께 드릴 때는 다 거룩하니
그것을 변경하여 우열간 바꾸지 못할 것이요 혹 가축으로 가축을 바꾸면 둘 다 거룩할 것이며
부정하여 여호와께 예물로 드리지 못할 가축이면 그 가축을 제사장 앞으로 끌어갈 것이요
제사장은 우열간에 값을 정할지니 그 값이 제사장의 정한 대로 될 것이며
만일 그가 그것을 무르려면 네가 정한 값에 그 오분의 일을 더할지니라
만일 어떤 사람이 자기 집을 성별하여 여호와께 드리려하면 제사장이 그 우열간에 값을 정할지니 그 값은 제사장이 정한 대로 될 것이며
만일 그 사람이 자기 집을 무르려면 네가 값을 정한 돈에 그 오분의 일을 더할지니 그리하면 자기 소유가 되리라 (1–15)

서원

신앙생활을 하면서 "서원했다"는 말을 자주 듣습니다. 일반적으로 "서원했다"는 말은 매우 특별한 의미로 쓰여집니다. 여러분들은 "서원"한 적이 있습니까?

여호와께서 모세에게

"이스라엘 자손에게 말하여 이르라 만일 어떤 사람이 사람의 값을 여호와께 드리기로 분명히 서원하였으면 너는 그 값을 정할지니"(2)

설교를 이끄는 관점

서원이란 어떤 경우에 드리는 것일까요?
한 번 서원한 것은 변경하거나 취소할 수는 없나요?
서원과 일반적인 기도는 무엇이 다른가요?

- 성경 안에는 서원을 이행한 사람들이 있습니다. 삼상 1:10-11에서 한나가 임신을 하지 못함으로 하나님께 서원하고 아이를 낳습니

다. 그리고 한나는 서원대로 아이 사무엘을 하나님께 드렸습니다.

삿 11장 29~40절에서 입다는 전쟁을 이기려는 욕망으로 서원했다가 자신의 딸을 드려야 할 위기를 맞았습니다. 입다는 서원대로 살아있는 딸을 하나님께 제물로 드렸습니 다.

이렇게 한 번 서원한 것은 반드시 지켜야 하는 것입니다. 만일 여러분들이 서원하고 도저히 서원을 이행할 수 없는 상황에 처했다면 어떻게 하시겠습니까?
한나 입다처럼 어떤 경우에도 반드시 지켜야 할까요?
아니면 상황을 고려해서 변경하거나 다른 방법으로 실천하면 안 될까요?

하나님의 목적으로 해결

하나님은 자비롭고 긍휼하십니다. 인간의 무능과 연약함을 너무도 잘 아시고 살피시는 분이십니다. 서원은 반드시 지켜야 할 약속입니다. 신 23:21-23은 서원의 정의를 말하고 있습니다.

> "네 하나님 여호와께 서원하거든 갚기를 더디하지 말라 네 하나님 여호와께서 반드시 그것을 네게 요구하시리니 더디면 그것이 네게 죄가 될 것이라 네가 서원하지 아니하였으면 무죄하리라 그러나 네 입으로 말한 것은 그대로 실행하도록 유의하라 무릇 자원한 예물은 네 하나님 여호와께 네가 서원하여 입으로 언약한 대로 행할지니라"

하나님께서 서원에 대하여 이렇게 강력하게 말씀하시는 이유는 함부로 서원하지 말라는 경고입니다. 서원의 대상은 하나님입니다. 인간이 하나님을 상대로 함부로 말하고 일방적으로 약속을 취소하는 경거망동을 해서는 절대 안 됩니다.

레 27장은 서원한 자들이 부득이 하게 서원을 이행할 수 없는 경우 서원을 갚을 수 있는 길을 열어주셨습니다. 이는 인간의 연약함을 긍휼히 여기시는 하나님의 배려이십니다.

1. 사람을 드리겠다고 서원한 경우(2-8)

사람이 서원을 하는 경우는 자신의 몸과 시간을 드려서 일평생 또는 일정기간 동안 하나님만 섬기겠다는 약속입니다. 나실인의 서원과 일반 봉사자의 서원으로 구분됩니다.

평생 나실인으로 서원된 경우는 변경이나 취소할 수 없습니다(예 삼손의 경우). 하지만 일정기간 동안 헌신을 약속한 경우 부득이 지킬 수 없을 때는 정해진 예물로 대신 드려서 서원을 갚을 수 있습니다.

이 경우 드려진 비용은 성전 관리를 위하여 쓰입니다(왕하12:13-14). 마치 그 사람이 헌신한 것처럼 그 물질이 대신하게 됩니다. 서원의 값은 노동력을 기준으로 계산되었습니다.

(단위:세겔)

나이	남자	여자
1개월~5세	5	3
5~20세	20	10
20~60세	50	30
60세 이상	15	10

2. 가축(짐승을 서원한 경우, 9-11)

하나님께 드리기로 약속한 것을 마음대로 바꿀 수 없습니다. 하나님께 드려진 가축들은 이미 거룩한 제물로 구별되었기 때문입니다.

드려진 것이 제물로 쓸 수 없는 가축이라면 제사장이 값을 정하고 되돌려 받으려면 짐승 값의 20%를 더해서 배상하고 돌려받을 수 있습니다. 이는 바람직하지 못한 태도입니다.

3. 부동산을 서원한 경우(14-25)

집을 하나님께 드리려고 한다면 먼저 제사장이 그 집의 값을 정해야 합니다. 이때 제사장이 정한 값은 협상의 여지가 없습니다.

만일 마음이 변하여 무르려고 한다면 제사장이 정한 가격의 20%를 더하여 드린 후에 되찾을 수 있습니다. 그렇지 않으면 그 집은 성막의 재산이 됩니다.

4. 서원의 대상이 아닌 경우

사람이 서원할 수 없는 세 가지가 있습니다. 이 세 가지는 모두 하나님께서 소유권을 가지고 계신 것들입니다.

1) 처음 난 가축(26-27)

출애굽 당시 죽음의 대가로 이미 처음 난 것들이 하나님의 것으로 바쳐졌습니다. 그러므로 첫 태생은 모든 것이 하나님의 소유이기에 서원의 대상이 아닙니다.

2) 온전히 바친 것(28-29)

이는 히브리말로 "헤렘"(חֵרֶם)으로 특별한 목적으로 바쳐진 것으로 절대 무르거나 취소할 수 없습니다. 무조건 하나님께서 처분 하셔야 합니다. 헤렘(חֵרֶם)으로 드려진 가축은 반드시 도살하고 밭은 황무지로 만듭니다.

3) 십일조는 서원의 대상이 아닙니다.
소산물의 십분의 일은 여호와의 것이므로 반드시 하나님께 드려야 합니다.
형편상 소산물 대신에 돈으로 드려야 할 경우 소산물 산정가격에 20%(1/5)을 더하여 드려야 합니다. 그 이유는 이미 드려진 것이 었는데 임의대로 사용했기에 남의 물건을 범한 경우와 동일하게 적용한 것입니다(6:5-6).

가축의 십일조를 드릴 경우 흠이 있어도 드려야 하며 임의대로 튼실한 것으로 바꾸어서도 안 됩니다(33).

청중 적용

사랑하는 여러분!
1. 하나님을 상대로 함부로 기도하거나 약속을 하면 안 됩니다.
구약시대와 환경이나 상황이 다르다고 해서 서원을 가볍게 여기는 것은 범죄입니다.

우리가 서원을 하는 경우

- 급하게 어떤 문제를 해결하려는 다급함 때문에 서원합니다.
- 욕심 때문입니다. 자식이나, 사업상 자신의 욕망을 채우기 위해서 무조건 서원부터 하는 사람도 적지 않습니다.
- 절제되지 않은 신앙 때문입니다.

어느 순간 은혜를 받았다고 그 자리에서 감당할 수 없는 서원을 하는 자들도 많이 있습니다. 은혜 받은 자들이 절제하지 못한 감정 때문에 일어나는 현상입니다.

2. 서원이 무효가 되는 경우도 있습니다(민 30장).

1) 자기의 소유가 아닌 것을 서원했을 경우
2) 시집가지 않은 딸이 아버지의 것을 서원했을 경우
   (그 날에 취소하면 무효가 됨, 민 30:4-5)
3) 아내가 남편과 상의 없이 서원했을 경우(민 30:6-8)
4) 부모가 자식의 의사를 묻지 않고 서원했을 경우

자식이 따르겠다면 서약을 지켜야 되지만 자식이 거부하면 무효가 됩니다.

3. 서원의 원칙은 서원대로 이행해야 합니다.

"사람이 여호와께 서원하였거나 결심하고 서약하였으면 깨뜨리지 말고 그가 입으로 말한대로 다 이행할 것이니라"(민 30:2)

서원에는 책임이 따른다는 것을 잊으면 안 됩니다. 하나님께서는 우리가 잘못된 서원으로 불행하게 사는 것을 원하지 않으십니다.

1) 과도한 욕심을 버리십시오!

기도, 즉 서원은 욕망을 채우는 수단이 아닙니다. 구하여도 얻지 못하는 것은 문제가 있기 때문입니다. 과도한 욕심으로 서원하는 일은 나와 주변을 망가뜨릴 수도 있습니다.

2) 책임을 다하는 신앙을 기뻐하십시오.

하나님께 서원한 것은 손해가 되더라도 지키는 것이 신앙입니다. 무리한 서원을 했다고 깨닫더라도 지키는 자에게 은혜를 베푸십니다.

3) 하나님은 우리의 크고 작은 서원과 기도를 들으시고 응답하십니다. 지금도 우리의 삶을 지켜보며 복과 저주를 내리십니다.

청중 결단

서원한 것을 찾아서 갚으십시오!
서원한 것을 갚든지, 무르든지 해야 합니다.
하나님은 우리가 약속 지키기를 기다리십니다.